国家级高技能人才培训基地项目成果教材
高职轨道交通专业群校内实训基地建设的研究与实践项目成果教材
产学联合培养城市轨道交通机电一体化技术技能人才的探索与实践项目成果教材

城市轨道交通车站设备运行与维护

Chengshi Guidao Jiaotong Chezhan Shebei Yunxing yu Weihu

郭锦景　李雨潇　李　泽　主　编
杨昌休　文　帅　主　审

人民交通出版社股份有限公司

北　京

内 容 提 要

本书内容以工作项目为教学载体,以工作任务为目标,紧扣城市轨道交通行业机电技术专业岗位需求,无缝衔接轨道交通行业技能竞赛,深度契合专业知识和职业技能。本书共分9个项目,涵盖城市轨道交通车站自动售检票系统、电扶梯系统、消防系统、通风与空调系统、给排水系统、站台门系统、低压配电及照明系统、综合监控系统等设备,根据典型设备的特点,开发设计了以机电维护人员的工作过程为导向的学习场景,将工作环境与学习环境有机地结合在一起。

本书适合高等职业教育轨道交通机电类专业学生使用,也可供相关企业的职工培训使用,以及有关参加职业技能证书考试的人员参考使用。

图书在版编目(CIP)数据

城市轨道交通车站设备运行与维护/郭锦景,李雨潇,李泽主编. —北京:人民交通出版社股份有限公司,2021.9 (2024.12重印)

ISBN 978-7-114-17525-1

Ⅰ.①城… Ⅱ.①郭…②李…③李… Ⅲ.①城市铁路—车站设备—高等职业教育—教材 Ⅳ.①U239.5

中国版本图书馆 CIP 数据核字(2021)第145411号

书　　名:	城市轨道交通车站设备运行与维护
著 作 者:	郭锦景　李雨潇　李　泽
责任编辑:	郭晓旭
责任校对:	赵媛媛
责任印制:	刘高彤
出版发行:	人民交通出版社股份有限公司
地　　址:	(100011)北京市朝阳区安定门外外馆斜街3号
网　　址:	http://www.ccpcl.com.cn
销售电话:	(010) 85285911
总 经 销:	人民交通出版社股份有限公司发行部
经　　销:	各地新华书店
印　　刷:	北京市密东印刷有限公司
开　　本:	787×1092　1/16
印　　张:	11
字　　数:	248 千
版　　次:	2021年9月　第1版
印　　次:	2024年12月　第4次印刷
书　　号:	ISBN 978-7-114-17525-1
定　　价:	39.00 元

(有印刷、装订质量问题的图书由本公司负责调换)

编 委 会

主　编： 郭锦景　重庆交通职业学院

　　　　　李雨潇　重庆交通职业学院

　　　　　李　泽　重庆交通职业学院

副主编： 刘乐乐　重庆交通职业学院

　　　　　程慧婷　重庆交通职业学院

　　　　　李跃宗　成都运达科技股份有限公司

　　　　　李　成　重庆轨道九号线建设运营有限公司

编　委：（排名不分先后）

　　　　　张雪蓉　郑　宇　何　帆　邓仁康　方小晴

　　　　　周　凤　李迎晨　高海燕　陈　林　王岩红

前 言
Foreword

在人口和经济向大城市群集聚的城市发展趋势中,城市轨道交通已成为城市物质文明和经济发展的一种标志。在大城市群之间及城市内居民出行中,城市轨道交通已成为不可缺少的交通工具。

随着物联网、云计算、大数据及人工智能等技术的飞速发展,城市轨道交通也逐步向数字化、网络化、运行自动化及运营智能化方向发展,而车站作为乘客乘降列车的聚集地,其票务、咨询、客运及生活等乘客服务功能和内部管理功能也逐步趋向智慧化。因此,迫切需要一整套与之适应的城市轨道交通车站设备技术系列图书,以供城市轨道交通机电技术专业人员入职培训和学习参考。

依托"互联网+交通运输",城市轨道交通车站引入无卡进站、手机购票等数字化技术,这些比较先进的技术要求车站设备设施的迭代、更新快捷,设备设施的运行管理及维护人员知识不断更新。目前,我国已出版的城市轨道交通车站设备相关书籍大都缺少智能控制、智慧化管理及模块化的维护内容,这与我国新技术应用下的智慧车站不相称。为了填补市场空白,我们特组织编写本书。

本书具有如下特点:

(1)结合实际。本书紧扣城市轨道交通行业机电技术专业岗位需求,梳理城市轨道交通行业技能竞赛相关知识点,结合当前行业现状,本着理论知识够用的原则,以解决城市轨道交通车站机电设备在应用中的实际问题为目的,突出培养学员对所学知识的应用能力和动手能力。

(2)任务引导。本书以现场真实的工作项目为教学载体,以完成某项工作任务为目标,引导学员自主学习,掌握相关的知识与技能,同时培养学员良好的职业操作规范,以及敬业爱岗、团结协作等综合素质和能力。

(3)文笔生动流畅,图文并茂。本书在编写过程中,注重实用性和实际应用场景的再现,并融入和结合了编者团队多年的教学经验和心得体会,深入浅出、举一反三，以期实现专业技术知识和职业技能的深度契合，从而使学员加深对专业技能和方法的掌握，能够更快地适应工作岗位。

本书由重庆交通职业学院、成都运达科技股份有限公司及重庆轨道九号线建设运营有限公司校企联合编写。重庆交通职业学院郭锦景编写项目5和项目9，重庆交通职业学院李雨潇、重庆轨道九号线建设运营有限公司李成共同编写项目4和项目7，重庆交通职业学院李泽编写项目1和项目6，重庆交通职业学院刘乐乐、成都运达科技股份有限公司李跃宗共同编写项目3和项目8，重庆交通职业学院程慧婷编写项目2，全书的统稿工作由郭锦景负责完成。重庆交通职业学院杨昌休、重庆轨道九号线建设运营有限公司文帅担任主审。

本书在编写过程中，得到了重庆交通职业学院、成都运达科技股份有限公司及重庆轨道九号线建设运营有限公司等单位及相关行业专业人士的鼎力支持和帮助，在此表示衷心的感谢！

本书能够成稿付印，得益于国家级高技能人才培训基地建设项目的支持，在此表示感谢！

由于编者水平有限，书中疏漏之处在所难免，恳请广大读者和业内人士批评指正！

编　者
2021年2月

目录

Contents

项目 1　城市轨道交通车站设备概述 ··· 1
　　任务 1-1　城市轨道交通车站认知 ··· 1
　　任务 1-2　城市轨道交通车站设备认知 ····································· 10

项目 2　自动售检票系统终端设备的运行与维护 ······························· 16
　　任务 2-1　自动售检票系统的组成与功能 ··································· 16
　　任务 2-2　自动检票机的运行与维护 ······································· 23
　　任务 2-3　自动售票机的运行与维护 ······································· 30
　　任务 2-4　半自动售票机的运行与维护 ····································· 38

项目 3　电扶梯系统的运行与维护 ··· 46
　　任务 3-1　自动扶梯的运行与维护 ··· 46
　　任务 3-2　垂直电梯的运行与维护 ··· 56
　　任务 3-3　无障碍设施的运行与维护 ······································· 65

项目 4　车站消防系统的运行与维护 ··· 70
　　任务 4-1　车站消防系统概述 ··· 70
　　任务 4-2　气体灭火系统的运行与维护 ····································· 76
　　任务 4-3　自动喷水灭火系统的运行与维护 ································· 88

项目 5　通风与空调系统的运行与维护 ······································· 97
　　任务 5-1　通风与空调系统概述 ··· 97
　　任务 5-2　车站通风与空调系统的运行与维护 ······························· 102
　　任务 5-3　隧道通风空调系统的运行与维护 ································· 114

项目 6　车站给排水系统的运行与维护 ······································· 120
　　任务 6-1　车站给水系统的运行与维护 ····································· 120
　　任务 6-2　车站排水系统的运行与维护 ····································· 125

项目 7　车站站台门系统的运行与维护 ······································· 129
　　任务 7-1　站台门系统概述 ··· 129
　　任务 7-2　站台门系统的运行与维护 ······································· 135

项目 8　低压配电系统及照明系统的运行与维护 ···································· 146
　　任务 8-1　低压配电系统的运行与维护 ·· 146
　　任务 8-2　照明系统的运行与维护 ·· 151
项目 9　综合监控系统的运行与维护 ·· 156
　　任务 9-1　综合监控系统概述 ··· 156
　　任务 9-2　环境与设备监控系统的运行与维护 ·································· 161
参考文献 ·· 165

项目 1　城市轨道交通车站设备概述

任务 1-1　城市轨道交通车站认知

1. 掌握城市轨道交通车站的具体功能及分类;
2. 理解城市轨道交通的优势与局限性;
3. 了解城市轨道交通车站。

1. 具备一定的职业素养;
2. 具备团队协作精神及与人沟通的能力;
3. 具有安全意识,有责任心,能吃苦耐劳。

知识点 1-1-1　了解城市轨道交通

一、城市轨道交通的概念

城市交通是城市发展的产物,是为城市服务的重要环节,是城市基础设施的重要组成部分,也是城市可持续发展的基本保障。现代化城市的发展,充分证明了城市交通在城市发展进程中起到极其重要的作用。城市交通是城市生存与发展的必要条件,是城市内外联系的纽带,是城市布局的框架,是城市生活的重要组成部分,也是城市现代化的重要标志之一。然而,随着城市的不断发展,拥堵、事故、环保、能耗等城市交通问题日益突出。城市轨道交通以其无可比拟的优势,越来越受到市民的青睐,正逐渐成为城市最主要的交通工具。

根据《城市公共交通分类标准》(CJJ/T 114—2007)中的定义,城市轨道交通为采用轨道结构进行承重和导向的车辆运输系统,依据城市交通总体规划的要求,设置全封闭或部分封闭的专用轨道线路,以列车或单车形式,运送相当规模客流量的公共交通方式。

二、城市轨道交通的特点

1. 城市轨道交通的优势

与其他交通方式相比较,城市轨道交通具有无可比拟的优势,主要体现在运能大、速度快、准时性好、能耗低、污染少、舒适性高以及占地面积小等方面。

1) 运能大

现代化的城市轨道交通,由于先进技术的运用,使得列车密度和单列载客能力得到大幅提升,从而大大提高了城市轨道交通的运输能力,能够充分满足现代化城市大客流的需要。目前,大型地铁系统的高峰小时单向运输能力可达6万~7万人次。

2)速度快

城市轨道交通列车采用先进的电动车组动力牵引方式,同时拥有良好的线路条件和自动控制体系,使得列车的快速、安全运行有了保障。因此,现代城市轨道交通系统的列车运行速度有了明显提高。目前,地铁列车的最高运行速度能达到100km/h,平均运行速度基本可达到35~45km/h,是一种快速的公共交通工具。

3)准时性好

城市轨道交通线路一般采用地下或高架形式,与地面其他交通方式相隔离,因而不受地面交通干扰。如果是建在地下隧道内的线路,则受气候条件影响也非常小。现代化城市轨道交通一般都采用先进的信号安全系统来确保列车运行安全,城市轨道交通的准时性是其他交通形式不可比拟的。

4)能耗低

城市轨道交通为大运量客运系统,而且采用了多项高新技术,在客流得到保证的情况下,使得每位乘客的平均能耗远远低于其他任何一种城市交通方式。

5)污染少

城市轨道交通列车一般均采用电力牵引方式,列车在运行过程中以电能为动力,废气污染少;以电为动力能源的内燃机动车组列车,与以燃油为动力的交通工具相比较,因大运量、集团化运输方式,每位乘客所均摊的污染更微乎其微。因此,城市轨道交通有"绿色交通"之称,是一种可持续发展的交通方式,符合现代城市可持续发展的要求。

6)舒适性高

城市公共客运交通方式的舒适性主要表现在环境质量与拥挤度两个方面。对城市轨道交通系统而言,不论是车站的环境、售检票环境、还是途中车厢内的乘车环境,均有现代化的环境控制设施保障(如采用全空调等)。虽然拥挤度也比较高,但是因城市轨道交通快速、准时,加之列车间隔短,使乘客候车和乘车时间缩短,拥挤度也在一定程度上被乘客接受。

7)占地面积小

城市轨道交通一方面因大量采用地下或高架形式,大大减少了对城市地面空间的占用,另一方面又因大运量运输方式,而使交通行为人均所占道路面积进一步减少。

另外,城市轨道交通还使得沿线土地得到有效利用和开发,使得城市布局更加合理,更加方便市民的出行,高架线路还增添了现代都市的景观效应。因此,近年来城市轨道交通的发展在世界各地呈现出蓬勃向上之势,无论是在经济发达的国家和地区,还是在发展中国家和地区,城市轨道交通均成为发展城市交通的重要手段。

2. 城市轨道交通的局限性

城市轨道交通虽然有许多优点,然而在具体的发展过程中还存在建设投资巨大、线路建成后不易调整、运营成本高等局限性。

1)建设投资巨大

城市轨道交通线路越长,形成路网规模越大,其优势越能彰显。然而,城市轨道交通系统建设要求高、施工难度大、设备技术标准高,使得每千米线路的修建需要上亿元的投入,尤其是地下线每千米造价达3亿元人民币以上。一个国家或地区的城市如果没有相当强的整体经济实力,无法承受如此巨大的投资负担。

2)线路建成后不易调整

城市轨道交通线路一般均是永久性结构(如地下隧道、高架桥结构等),建成后几乎无调整的可能性。因此,城市轨道交通线路的选线及路网规划应严格按照城市发展规划进行认真制定,否则会造成极大的工程投资浪费。

3)运营成本高

城市轨道交通系统能耗相当大,包括列车牵引、环境控制、车站机电设备及通信信号设备等日常运营的能耗等。此外,高标准的防灾系统使用机会虽然不多,但是其投资成本与日常维护成本也相当高。加之车站服务工作、运营管理所需的大量人员、设备费用等,使整个城市轨道交通系统运营成本居高不下。

三、城市轨道交通的种类

城市轨道交通种类繁多,根据《城市公共交通分类标准》(GJJ/T 114—2007),分为地铁系统、轻轨系统、单轨系统、有轨电车、磁浮系统、自动导向轨道系统、市域快速轨道系统。

1. 地铁系统(大容量快速城市客运系统)

地铁系统,又称为地下铁道,其原始含义是修建在地下隧道中的铁路。随着地下铁道的发展,其线路布置不仅局限在地下隧道中,而是根据需要,也可以布置在地面或采用高架的方式修建,但城区内的线路还是以地下为主(图1-1-1)。

地铁系统具有如下特点:

(1)地铁系统是一种大运量的城市轨道运输系统;

(2)一般采用A型或B型车,5~8节编组;

(3)平均运行速度为30~60km/h;

(4)最小发车间隔为1.5~3min;

(5)平均运能为3万~7万人次/h;

(6)最大爬坡度为40‰;

(7)建设周期长。

图1-1-1 地铁系统

2. 轻轨系统(中容量中速城市客运系统)

轻轨的原始含义是指车辆运行的线路所使用的钢轨比地铁所使用的钢轨轻。由于轻轨系统的钢轨较轻,其整体的技术标准也低于地铁,因而轻轨的运输能力也远远小于地铁。早期的轻轨一般是直接对旧式有轨电车系统改建而成。20世纪70年代后期,一些国家开始修建全新的现代轻轨系统,使得轻轨系统的行车速度、舒适程度及噪声污染情况得到了很大的改善(图1-1-2)。

轻轨系统具有如下特点:

(1)一般采用C型车,2~4节编组;

图1-1-2 轻轨系统

(2)平均运行速度为30~45km/h；
(3)最小发车间隔为1.5~3min；
(4)平均运能为1万~3万人次/h；
(5)最大爬坡度为30‰；
(6)建设周期较地铁短。

3．单轨系统(中容量中速城市客运系统)

单轨系统是车辆或列车在单一轨道梁上运行的城市客运交通系统。单轨系统的线路通常采用高架结构，车辆则大多采用橡胶轮胎。单轨系统从构造形式上还可分为跨座式单轨与悬挂式单轨两种(图1-1-3)。跨座式单轨是列车跨座在轨道梁上运行的形式，而悬挂式单轨则是列车悬挂在轨道梁下运行的形式。

a)跨座式单轨　　　　　　　b)悬挂式单轨

图1-1-3 单轨系统

单轨系统具有如下特点：
(1)平均运行速度为25~45km/h；
(2)最小发车间隔为2.5~4min；
(3)平均运能为1万~2万人次/h；
(4)最大爬坡度为80‰；
(5)建设周期短；
(6)适于坡度较大、道路崎岖的山城间的城市旅客运输。

4．有轨电车

有轨电车是使用电车牵引、轻轨导向、1~3节编组运行在城市路面线路上的城市轨道交通系统(图1-1-4)。

有轨电车具有如下特点：
(1)是采用电力驱动并在轨道上行驶的轻型轨道交通车辆；
(2)通常全在街道上行走；
(3)列车一般只有单节，最多5节；
(4)造价较低；
(5)适用于客流量不大的中小城市。

5．磁浮系统

磁浮系统起源于人们对速度的追求。1922年，德国人提出了电磁悬浮原理，并于1934年申请了磁浮列车的专利——"通过磁场达到悬浮并沿铁路轨道行驶的无轮车辆组成的悬浮列车"。磁浮列车实际上是依靠电磁吸力或电磁斥力将列车悬浮于空中,它的速度可达到500km/h以上,是当今世界上最快的地面客运交通工具,具有速度快、爬坡能力强、能耗低的优点(图1-1-5)。

图1-1-4 有轨电车

图1-1-5 磁浮系统

目前,磁浮系统主要有两种基本类型,一种是高速磁浮系统,其最高行车速度可达500km/h;另一种是中低速磁浮系统,其最高行车速度为100km/h。高速磁浮系统由于行车速度很高,通常对城市区域内站间距不小于30km的远程客运交通线路较为适宜。中低速磁浮系统由于行车速度相对较低,对于城市区域内站间距大于1km的中、短程客运交通线路较为适宜。

磁浮系统是一种中等运量的轨道运输系统,对单向高峰小时最大断面客流量在1.5万~3万人次的交通适用。磁浮系统列车主要在高架桥上运行,特殊地段也可在地面或地下隧道中运行。

6. 自动导向轨道系统

自动导向轨道系统是一种车辆采用橡胶轮胎在专用轨道上运行的系统。日本较早采用自动导向轨道系统,其在1981年开通的两条线路,一是神户新交通公司开通的三宫—中公园线路,全长6.4km;二是大阪市住之江公园—中埠头线路,全长6.6km。

7. 市域快速轨道系统

市域快速轨道系统是一种大运量的轨道运输系统,客运量可达20万~45万人次/天(一般不采用单间高峰小时最大客流量的概念)。市域快速轨道交通系统适用于城市区域内重大经济区之间中长距离的客运交通。市域快速轨道交通列车,主要在地面或高架桥上运行,必要时也可在隧道中运行。由于线路长、站间距大,可选用运行速度在120km/h以上的快速专用列车。京津城际轨道交通是我国第一条最高时速350km/h的客运专线,属于市域快速轨道系统。随着高速铁路大发展,市域快速轨道系统有着广阔的发展前景。

知识点1-1-2 了解城市轨道交通车站

一、城市轨道交通车站的概念

车站是城市轨道交通系统最重要的组成部分,是客流的节点,是乘客上下车、换乘的场所,也是列车到发、通过、折返、临时停车的地点。此外,城市轨道交通车站还具有购物、集聚及作为城市景观等一系列功能。

二、城市轨道交通车站的分类

1. 按车站与地面的相对位置分类

按车站与地面的相对位置分类，城市轨道交通车站一般可分为地下车站、地面车站、高架车站，如图1-1-6所示。

a)地下车站

b)地面车站

c)高架车站

图1-1-6 按车站与地面的相对位置分类

（1）地下车站：一般由地面出入口、中间站厅、地下站台3个主要部分组成。地面出入口是车站的门户，是客流集疏的第一通道。

为了不占用地面空间，地下车站的中间站厅一般设在地下一层，其主要功能是集散客流、售检票、服务、设置管理与设备用房。

地下站台是设在地下二层，供列车停靠、乘客乘降的功能层。地下站台由站台与线路（股道）、乘降设备等组成。

（2）地面车站：设置于地面，建筑风格应与周围环境相协调，一般建于道路比较宽广的路段。

（3）高架车站：高架线路一般位于中心城外。高架车站位于地面上，建筑风格要和城市的风格、周围的环境相协调。高架线路一般建于城市道路的中心线上，也可设置在绿化隔离带内，从人行道进入高架车站的楼梯、天桥兼作过街人行天桥之用。由于道路面积有限，可考虑将设备用房放在路边。由于高架车站设置在地面上，故不考虑环控系统。

2. 按运营性质分类

按运营性质分类，城市轨道交通车站一般可分为中间站、区域站、换乘站、枢纽站、联运站和终点站，如图1-1-7所示。

（1）中间站：是整条地铁线的中间车站，有的按站点或者路程计算，如重庆市二塘、四公里、五公里站。

（2）区域站：也称折返站，是两种不同行车密度交接处的车站，如重庆市跳蹬站。

（3）换乘站：是地铁交叉相连、有相互换乘条件的站点，如重庆市两路口、红旗河沟、牛角沱站。

（4）枢纽站：是多条线路相交的站点，一般人流量比较大，如重庆市红旗河沟站、冉家坝站。

（5）联运站：是轻轨或者电气化线路换乘地铁的站点，如重庆市重庆北站、龙头寺站。

（6）终点站：如重庆市鱼洞、江北机场站。

3. 按站台形式分类

按站台形式分类，城市轨道交通车站一般可分为岛式站台、侧式站台和岛、侧混合式站台，如图1-1-8所示。

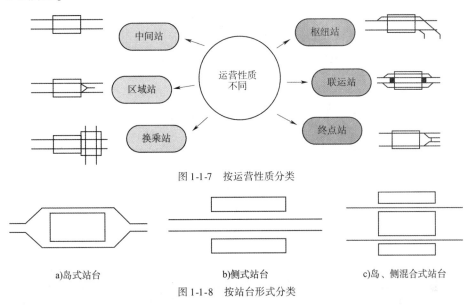

图1-1-7　按运营性质分类

图1-1-8　按站台形式分类

（1）岛式站台：站台位于上、下行行车线路之间。具有岛式站台的车站称为岛式站台车站。

（2）侧式站台：站台位于上、下行车线路的两侧。具有侧式站台的车站称为侧式站台车站。

（3）岛、侧混合式站台：岛、侧混合式站台是将岛式站台及侧式站台同设在一个车站内。具有岛、侧混合式站台的车站称为岛、侧混合式站台车站。

岛式站台与侧式站台的不同点见表1-1-1。

岛式站台与侧式站台不同点　　　　　　　　　　　　表1-1-1

项　　目	站台形式	
	岛式站台	侧式站台
站台使用	站台面积利用率高，可调节客流，乘客有乘错车的可能	站台面积利用率低，不能调节客流，乘客不易乘错车
站厅设置	站厅与站台需设在两个不同高度上，站厅跨过线路轨道	站厅与站台可设在同一高度上，站厅可不跨过线路轨道
站内管理	管理集中，联系方便	站厅分设时，管理分散，联系不方便
乘客中途折返	乘客中途改变乘车方向比较方便	乘客中途改变乘车方向不方便，需经过天桥或地道
改扩建难易性	改建扩建时，延长车站很困难，技术复杂	改建扩建时，延长车站比较容易
站内空间	站厅、站台空间宽阔完整	站厅分设时，空间分散，不及岛式车站宽阔
造价	较高	较低

4．按结构横断面形式分类

按结构横断面形式分类，城市轨道交通车站一般可分为矩形横断面车站（图1-1-9）、拱形横断面车站（图1-1-10）、圆形横断面车站（图1-1-11）和其他横断面车站（图1-1-12）。

5．按换乘布局分类

按换乘布局分类，城市轨道交通车站可分为"十"字形换乘布局车站（图1-1-13）、"L"形换乘布局车站(图1-1-14)、"T"形换乘布局车站(图1-1-15)。

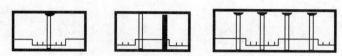

图1-1-9 矩形横断面车站示意图

图1-1-10 拱形横断面车站示意图

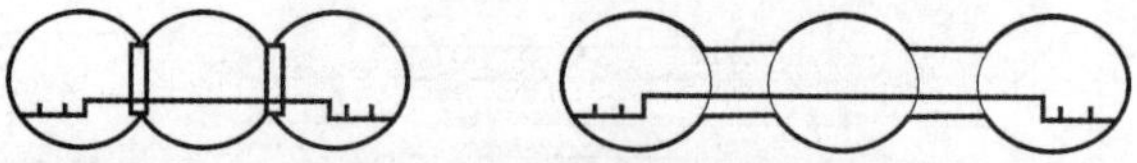

图1-1-11 圆形横断面车站示意图

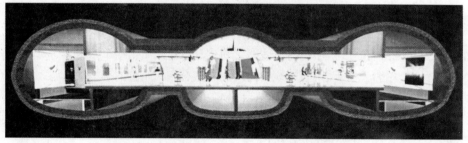

图1-1-12 其他横断面车站示意图(马蹄形横断面车站)

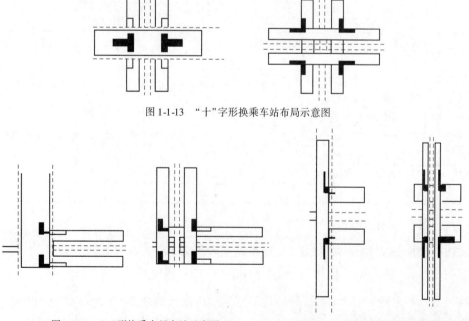

图1-1-13 "十"字形换乘车站布局示意图

图1-1-14 "L"形换乘布局车站示意图　　图1-1-15 "T"形换乘布局车站示意图

三、城市轨道交通车站的组成

城市轨道交通车站由车站主体、车站出入口及通道、通风道及地面通风亭、其他附属建筑4部分组成,其整体布局如图1-1-16所示。

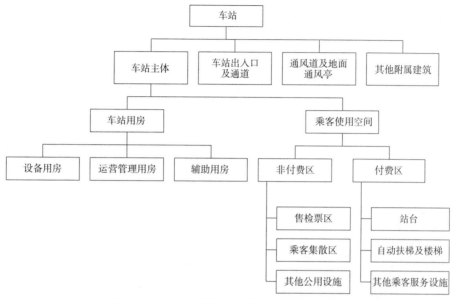

图1-1-16 城市轨道交通车站整体布局结构框架图

1. 车站主体

车站主体是列车在线路上的停车点,它既是供乘客集散、续车、换乘及上下车之处,又是城市轨道交通运营设备设置的中心和办理运营业务的场所。车站主体由站台、站厅、设备用房、管理用房和生活用房等组成。车站主体如图1-1-17所示。

（1）车站站台由乘降平台、楼梯（自动扶梯）、安全门、管理用房、行车道等组成,是供乘客上、下列车及候车的场所。站台的大小取决于远期预测的高峰小时客流量。站台有效长度即站台计算长度,其值为远期列车编组有效使用长度加上停车误差。

（2）车站站厅是换乘列车的中转层,其主要作用是集散客流,为乘客提供售、检票等服务。因此,站厅内需要设置售检票、问询等为乘客提供服务的设施。站厅层一般分为付费区和非付费区。站厅层内设有城市轨道交通运营设备用

图1-1-17 车站主体

房、管理用房等,根据客流的大小,在不影响客流集散的同时还可以设置商业用房。城市轨道交通站厅的作用是将由入口进入的乘客迅速地、安全地、方便地引导到站台乘车,或将下车的乘客同样引导至出口出站。

(3) 设备用房主要是安置各类设备、进行日常维修及设备保养的场所，主要包括环控室、变电所、综合控制室、通信设备室、信号设备室、通信测试房、消防泵房、配电等设备的用房。

(4) 管理用房是车站工作人员的办公房，包括车站控制室、站长室、票务室、值班室及警务室等。

(5) 生活用房是车站工作人员的日常生活用房，包括更衣室、休息室、茶水间、卫生间等。

一般设计时，设备用房、管理用房及生活用房只考虑给工作人员使用，容量较小，故不对外开放。将上述区域平铺，可分为车站站厅的非付费区、付费区以及其他未对乘客开放的设备用房与管理用房区域。以地下车站为例，站厅层的两端均有大量设备用房服务于整个车站的运营。

2. 车站出入口及通道

车站出入口及通道是车站的门户。其主要作用是集散客流，供乘客换乘其他交通工具或其他轨道交通线路。也有些出入口及通道还兼有行人过街的作用。为方便乘客及疏散客流，一个车站设有多个出入口，一般不少于两个。

出入口通道可分为地道式和天桥式。通道宽度尺寸根据客流量计算确定，净高一般为2.6m。地下车站宜采用地道式出入口通道，高架车站多采用天桥式出入口通道。

3. 通风道及地面通风亭

地下车站需设置环控系统，地面车站和高架车站都修建在地面以上，原则上采用自然通风。地下车站一般设1~2个通风道，区间隧道中部设区间隧道通风道。

地面通风亭是地铁隧道、车站通风及设备维修的地面出口，如图1-1-18所示。通常通风口高于地面2m，进风口与排风口水平距离大于5m，合建时排风口高于进风口5m。地面通风亭在设计时可与地面开发建筑合建，淡化风井；独建时，可结合地面绿化及城市建筑塑造城市景观。

图1-1-18 地面通风亭

任务1-2 城市轨道交通车站设备认知

1. 掌握城市轨道交通车站设备配置原则；
2. 理解城市轨道交通车站设备的作用；
3. 了解城市轨道交通车站设备配置。

1. 具备一定的职业素养；

2. 具备团队协作精神及与人沟通的能力;
3. 具有安全意识,有责任心,能吃苦耐劳。

知识点1-2-1　了解城市轨道交通车站设备

一、城市轨道交通车站设备概述

城市轨道交通因其相当多的线路与车站设施设于地下,形成了相对封闭的空间环境。同时,由于城市轨道交通系统列车运行间隔小,客流量大,地下设备运转频率高,因此,环境质量容易变差。如温度、湿度上升,空气混浊等,会导致乘客不适,设备受到侵蚀,故必须配备高标准的环境控制设备来保证车站和车厢的环境质量。有些机电设备就是为了环境控制而设置的,如通风空调系统、给排水系统、屏蔽门系统等。

同时,城市轨道交通是城市交通系统的重要组成部分,它担负着运送大量客流的任务。将地面上需要乘坐城市轨道交通列车的乘客迅速、安全、舒适地送入地下站台或高架站台以及将地下站台或高架站台上下车的乘客送到地面,需要依赖电梯系统。

此外,为适应城市轨道交通运营管理部门自动化管理的需要,实现自动售票、自动检票、自动收费、自动统计等功能,还应设置自动售检票系统。

二、城市轨道交通车站机电设备的特点

1. 设备种类繁多

车站的机电设备包括通风空调系统、给排水系统、屏蔽门系统、电梯系统、自动售检票系统等,设备繁多、复杂,涉及很多专业,因此,其管理与维修也较为复杂。

2. 长时间高效运行

由于乘客不仅要求城市轨道交通系统高效、快捷、安全,还提出了舒适性的要求,这也就对机电系统提出了较高的要求。为维持列车运行、乘客候车和乘车的良好环境,机电设备需要长时间高效运行,这就对机电设备本身的质量提出了较高的要求。

3. 耗能大

机电设备中的通风空调系统、电梯系统等都是城市轨道交通设备中的耗能大户。城市轨道交通系统应在满足设备及人员安全和舒适性要求的前提下,控制运营成本、降低能耗,因此,进行设备节能研究和设计是非常重要的。

4. 需要完善的监控系统

车站机电设备种类繁多,需要长时间高效运行。设备一旦出现问题,就会给运营带来较大的影响。因此,应建立完善的监控系统,监控设备的运行状况。

三、城市轨道交通车站主要设备

城市轨道交通车站主要设备包括自动售检票系统、电梯与自动扶梯系统、车站消防系统、车站通风与空调系统、车站给排水系统、低压配电及照明系统、综合监控系统。系统和设备选

用要考虑其可靠性、安全性、稳定性、先进性、可扩展性、开发性、交互性、经济性和易于维护性等主要性能指标。

1. 自动售检票系统

自动售检票系统包括自动售票机(图1-2-1)和闸机(图1-2-2),它是建立在计算机局域网基础上的实时控制处理系统,集计算机网络技术、数据库管理技术、自动控制技术于一体。对售票、检票过程实施计算机管理,可以大大提高数据的可靠性和员工工作效率,为科学进行财务管理和决策管理提供准确的依据。

图1-2-1 自动售票机　　　　　　　　　图1-2-2 闸机

自动售检票系统主要具有如下特点。

(1)通过计算机网络,实现电脑售票和自动检票,管理者随时可以了解售票和入场人数等情况。

(2)每张票具有一个唯一票号,经加密后以条形码的形式打印在票的正券和副券上,供检票系统自动识别;同时还印有票类的名称、限几人使用、售票时间、有效期、售票机号等信息,供工作人员人工查验。

(3)各通道的检票控制器以总线(1~8台)的形式与本地服务器通信,延长了通信的距离,降低了线路成本,检票口可以不设置电脑。

(4)在票务管理中心可设定如下票类信息。

①编码:票的系统识别码。

②名称:如成人票、学生票、团体票、年票、贵宾票等。

③净单价:以人民币标价,如果允许支付外币,在币种定义中,可以设定各外币与人民币的兑换比例,例如港币:人民币为0.8:1,美元:人民币为1:6.9等。

④有效日期:自售出之日起的有效期,例如1天,1个月或1年,分别表示当天有效、1个月内有效或1年内有效。

⑤开始时间和结束时间:每天允许进场的时间段,例如夜场票,可以定义开始和结束时间为18:00—21:30,表明夜场票只能在每天的这一时间段中入场,其他时间无效。

⑥标志:用于区分票种的大类,例如有价票、员工卡、放行卡、团体票、无价票、年票等。有

价票一般为一次有效;员工凭工作证刷卡进场;记者、领导、贵宾等持贵宾票入场或由管理员刷放行卡放行。

⑦声音:主控板中固化有8小段提示语音,可以为每种票类定义验票放行时播放的语音提示,例如请进、半票、年票、工卡、团体票、夜场票、无效票、再见等。

⑧最终日期:有些优惠票可能只限于某日之前使用,可以在此定义,检票时取有效日期和最终日期两者较早的日期有效。

⑨有效通道:有些票类只能在某些入口通道放行,有些票可能全场有效,允许放行的通道可以通过后台程序设定。

⑩售票时在团体票的票面上可以选择打印折后价格或全价,以方便旅行团开展业务。

2. 电梯与自动扶梯系统

在城市轨道交通车站中,自动扶梯的用途主要是实现乘客的快速疏散,即列车到达后,大量的乘客从候车站向地面站厅疏散。由于车站的候场站厅一般离开地面5~7m(浅埋式),甚至7~10m(深埋式),乘客的上下只能依赖于楼梯,而自动扶梯(图1-2-3)则提供了一种自动输送乘客的能力,满足了乘客对乘降舒适度的要求。自动扶梯是由一台链式输送机和两台胶带式输送机组合而成的升降传送系统,用于在建筑物的不同楼层间连续运载人员上下。由于其结构特殊,无论从造型还是从工作特性上都与单一的链式或胶带式输送机有很大的区别。

3. 站台安全门系统

站台安全门系统(图1-2-4)是一个集建筑、机械、电子、信号、控制、装饰等学科于一体的综合性门系统,设置于地铁或轻轨车站站台的边缘。该门系统在整个站台长度上将站台区域与轨道区域分隔开来。列车进出站时,安全门系统随着列车车门的开闭而自动同步开闭。

图1-2-3 自动扶梯

图1-2-4 站台安全门

4. 车站消防系统

车站消防系统包括消火栓给水系统、自动喷水灭火系统和气体灭火系统。

1)消火栓给水系统

在上海等大城市,消防时可直接从城市管网抽水,不设消防水池。如当地城市管网不能满足消防要求时,必须设消防泵和消防水池。消火栓给水系统经增压后在车站内形成环网,区间隧道消防供水由相邻车站消火栓管网引入,双向区间形成环路。消火栓给水系统用水量按同一时间内发生一次火灾考虑。消火栓的水压应保证水枪充实且水柱不小于10m,栓口处的静水压力不大于0.8MPa。消火栓给水系统服务范围除车站本身外,还包括两地铁车站之间隧道和车站附属的各种连通通道。两地铁车站之间隧道和车站附属的各种连通通道(长度大于25m)内均需布置消火栓。

消火栓给水系统具有如下特点:

(1)消火栓箱的形式。根据城市轨道交通车站的建筑特点和不同的设置部位可选用不同形式的消火栓箱。一般站厅层和连通通道选用单阀单出口消火栓箱,站台层选用双阀双出口消火栓箱,弯曲隧道内消火栓箱宜设在与轨道距离较远的内侧,隧道内消火栓箱上应有电话插孔。车站及折返线消火栓箱内应设火灾报警按钮和消防泵启动按钮。

(2)消火栓箱间距。消火栓箱的间距按2股水柱同时到达任一着火点布置。车站内消火栓箱最大间距为50m,折返线内消火栓箱最大间距为50m,区间内消火栓箱最大间距为100m。

(3)水泵结合器。城市轨道交通车站出入口及通风亭的口部,应设水泵结合器,并在40m范围内设置室外消火栓。

(4)自动巡检功能。因为消防泵平时很少运行,为加强消防泵给水的可靠性,要求消防泵具有自动巡检功能。在设定的时间周期内自动地启动消防泵,对消防泵的运行进行检查,有利于及时了解消防泵的实际性能,解决消防泵的锈蚀问题,保持消防泵的良好工况。

2)自动喷水灭火系统

以往不设置地下商场的地铁车站,一般不设置自动喷水灭火系统。以上海市为例,在韩国大邱地铁火灾事故发生后,为进一步提高消防安全,上海市消防局要求所有地铁车站必须设置自动喷水灭火系统,火灾危险等级按中危险级Ⅱ级考虑。其特点为:自动喷水灭火系统干管坡度宜与站厅层、站台层顶板坡度一致,以便于降低吊顶高度和系统排水。

3)气体灭火系统

气体灭火系统一般设置在地下变电所的重要设备间、车站通信及信号机房、车站控制室,控制中心的重要设备间和发电机房等。这些位置的设备不仅昂贵,而且一旦发生火灾,将影响整个地铁的安全运营。

目前,国内北京地铁1号线,上海地铁2号线、广州地铁2号线等均选用了烟烙尽气体灭火系统。烟烙尽气体灭火剂是氮气、氩气、二氧化碳以52∶40∶8的体积比例混合而成的一种灭火剂,它的3个组成成分均为不活泼气体,为大气的基本成分。烟烙尽气体无色、无味、不导电、无腐蚀、无环保限制,在灭火过程中无任何分解物。其灭火原理为稀释氧气,窒息灭火。气体喷放时环境温度变化小,且不影响能见度。缺点是喷射时噪声大;以气态方式储存,储存瓶组较多;储存压力大,常温下为15MPa,高压增加了危险性,也相对容易泄漏,对管道材料以及安装、维护水平要求较高。

5. 车站通风与空调系统

车站通风与空调系统是通过对影响环境的空气温度、空气湿度、空气流速和空气品质等主要因素的控制,来创造一个安全舒适且适于城市轨道交通车站设备正常运转的人工环境。车站通风与空调系统主要由以下四部分组成:区间隧道机械通风(兼排烟)及活塞风系统,简称隧道通风系统;车站公共区部分(站厅、站台、人行通道)的空调、通风(兼排烟)系统,简称车站大系统;车站管理用房及设备用房的空调、通风(兼排烟)系统,简称车站小系统;车站制冷供冷系统,简称车站水系统。

车站通风与空调系统主要具有如下功能:

(1)在列车正常运行时,排除余热、余湿,为人员提供所需的新风量,为乘客和工作人员提供一个适宜的人工环境,满足站内各种设备正常运转所需的温、湿度要求。

(2)列车阻塞在区间隧道时,向阻塞区间提供一定的通风量,保证列车空调等设备正常工作,维持车厢内乘客在短时间内能接受的环境条件。

(3)在发生火灾事故时,提供迅速、有效的排烟手段,给乘客和消防人员提供足够的新鲜空气,并形成一定的迎面风速,引导乘客安全、迅速地撤离。

6. 车站给排水系统

城市轨道交通车站给排水(包括水消防)系统设备主要有以下作用:

(1)提供城市轨道交通运营所必需的生产、生活、消防等用水。

(2)收集排出生产、生活、消防等产生的废水,污水及地下结构渗漏水、雨水等。

(3)提供完整的水消防系统,保证城市轨道交通的正常运营。

城市轨道交通车站的生产、生活及消防水源均取自城市自来水供水管网。消防用水为两路供水,城市轨道交通地下车站站内不设消防蓄水池,消防增压水泵直接从供水管道抽水加压供消防使用。生产、生活用水为单路供水。

7. 低压配电及照明系统

城市轨道交通车站低压配电及照明系统可分为低压配电系统和照明系统两个子系统,均采用380V三相五线制、220V单相三线制方式供电。低压配电系统为站台、站厅和设备及管理用房的通风与空调、给排水、消防、电梯与自动扶梯、自动售检票及通信、信号、综合控制室等系统设备供配电。照明系统范围为车站降压所变压器后的照明设备、设施及线路。

8. 综合监控系统

城市轨道交通综合监控系统是以现代计算机技术、网络技术、自动化技术和信息技术为基础的大型计算机集成系统。其主要功能包括对机电设备的实时集中监控功能和各系统之间协调联动功能两大部分。一方面,城市轨道交通通过综合监控系统可实现对电力设备、火灾报警信息及其设备、车站环控设备、区间环控设备、环境参数、屏蔽门设备、防淹门设备、电扶梯设备、照明设备、门禁设备、自动售检票设备、广播和闭路电视设备、乘客信息显示系统的播出信息和时钟信息等进行实时集中监视和控制的基本功能;另一方面,城市轨道交通通过综合监控系统,还可实现晚间非运营情况下、日间正常运营情况下、紧急突发情况下和重要设备故障情况下各相关系统设备之间协调互动等高级功能。

项目2 自动售检票系统终端设备的运行与维护

任务2-1 自动售检票系统的组成与功能

1. 了解城市轨道交通系统的概念;
2. 理解自动售检票系统的基本架构形式;
3. 掌握自动售检票系统的结构层次及主要功能;
4. 掌握自动售检票系统设备配置与布局的影响因素;
5. 理解自动售检票系统运营管理模式。

1. 具备一定的职业素养;
2. 维护城市轨道交通运营企业的形象;
3. 具有安全意识,有责任心,能吃苦耐劳。

知识点2-1-1 自动售检票系统认知

一、自动售检票系统的概念

在城市公路交通愈加拥堵的大环境下,城市轨道交通得到快速发展并日益完善,但其运量大、速度快、安全、准点的优势,增加了售票、检票、数据统计及清分等工作量。自动售检票(Automatic Fare Collection,简称AFC)系统的出现提高了车站售检票业务的自动化水平,满足了乘客乘坐城市轨道交通快速出行的需求。

《城市轨道交通自动售检票系统技术条件》(GB/T 20907—2007)对自动售检票系统的定义为:自动售检票系统是基于计算机、通信、网络、自动控制等技术,实现城市轨道交通售票、检票、计费、收费、统计、清分、管理等全过程的自动化系统。

二、自动售检票系统的发展历程

国外在AFC系统研制和投入运营方面起步比较早,1967年世界上第一套AFC系统在法国巴黎地铁成功安装使用。1979年香港地铁首条线路开通时就采用了AFC系统,是我国首次采用AFC系统。1999年2月16日,广州地铁1号线开通试运营的同时,AFC系统也被引用,同年3月1日,AFC系统在上海地铁1号线投入使用,这是我国内地最初的两套AFC系统。目前,国内已开通运营的各城市轨道交通都已使用AFC系统。

城市轨道交通车票管理体系的演变大致可划分为3个阶段。

第一阶段:城市轨道交通运营初期。采用人工售检票方式、纸质车票、单一车票。

第二阶段:AFC 系统初创阶段。采用计程、计时票价制,车票媒介包括磁卡和 IC(Integrated Circuit,集成电路)卡。

第三阶段:AFC 系统网络化阶段。采用计程、计时票价制,可实行付费区内直接换乘和多元收益方的精细清分,车票媒介采用非接触式 IC 卡。系统能实现"一票通"换乘,并兼容公共交通卡、手机钱包,与其他公交系统能实现"一卡通"结算。

知识点 2-1-2 自动售检票系统的基本架构

自动售检票系统的基本架构形式分为线路式架构、分散式架构、区域式结构、完全集中式架构和分级集中式架构 5 种。

一、线路式架构

线路式架构的自动售检票系统基于符合运营线路独立管理自动售检票系统和票务的设想,其基本形式如图 2-1-1 所示。

图 2-1-1 线路式架构结构示意图

注:LCC 代表线路中央计算机系统,SC 代表车站计算机系统,后同。

在线路式架构中,每条运营线路建有一套独立的自动售检票系统。中央计算机系统能够完成线路自动售检票的管理、票务收益统计,并单独与外部清算系统连接,实现交易数据转发、对账和清算等。不同线路间的自动售检票系统是彼此独立的,票务信息不能共享,无法满足站内跨线换乘票务清分的需要。

在线路式架构的基础上,乘客无法实现跨线站内换乘,但从技术的角度看,自动售检票系统管理线路式架构容易实现,可以满足各条线路自动系统的运营管理需求。

线路式架构适用于单线式城市轨道交通线路和分离式城市轨道交通线路。

二、分散式架构

分散式架构的城市轨道交通网络由若干个区域构成,每个区域由若干条线路组成,但各个区域相互独立,完成本区域的票务处理和运营管理,其基本形式如图 2-1-2 所示。

区域中心负责所管辖范围内线路交易数据,确定其管辖范围内各线路的换乘结算模式,并对所管辖范围内各线路的跨线交易数据进行实时清分。由于区域清分中心是相互独立的,区域清分中心之间不能实现互联,乘客不能跨区域直接换乘,但能够在区域内直接换乘。

对分散式系统架构,区域清分中心管辖的线路少,发生换乘的路径将大大减少,清分工作量相对较小,但是不同区域清分系统之间的线路不能够直接换乘,增加了路网运营管理的工作量。

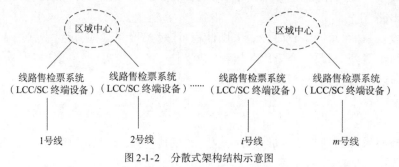

图 2-1-2　分散式架构结构示意图

分散式架构适用于条状形区域管理的城市轨道交通线路和由一个投资和运营方管理的多条线路。

三、区域式架构

区域式架构是在分散式架构和线路独立式架构的基础上设置一个路网中心,其架构形式如图 2-1-3 所示。

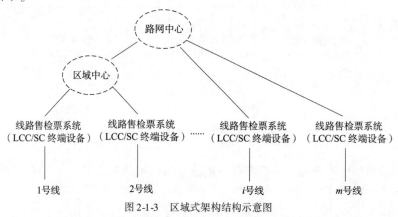

图 2-1-3　区域式架构结构示意图

路网中心直接与独立线路的售检票系统连接,同时与区域中心连接,区域中心直接与所管辖线路的自动售检票系统连接。区域中心负责获取所管辖线路的交易数据,确定其管辖范围内各线路的换乘清分方式和结算,并对所管辖范围内各线路跨线交易数据进行实时清分。

路网无法直接了解区域线路之间的清分数据,只能通过区域售检票系统查询相应的数据。采用区域式架构的自动售检票系统会给管理带来麻烦,但它保护了原有的投资,并可通过区域中心实现跨线换乘。

区域式架构适用于由区域式线路和独立式线路构成的城市轨道交通网络。

四、完全集中式架构

完全集中式架构是将城市轨道交通网络中所有的线路拟合为一条路网式线路,设置一个路网中心,线路上的车站计算机系统集中后通过通信设备直接与路网中心连接,即不设置线路中心系统进行相应的清分处理。其架构形式如图 2-1-4 所示。

完全集中式架构结构清晰,可以实现路网内所有线路的换乘和清分,满足路网便捷化的需求。但由于路网的所有信息都要路网中心统一处理,路网中心需要具备较大的存储容量和高速处理能力。同时,完全集中式的管理对路网中心的可靠性也提出了较高的要求。

完全集中式架构适用于单一线路运营商和多个独立的运营商管理的多线路。

五、分级集中式架构

分级集中式架构是在线路式架构的基础上设置一个路网中心,路网中心负责获取全路网交易数据,确定结算方式和数据公共接口,并对各线路的跨线交易数据进行实时清分。其架构形式如图2-1-5所示。

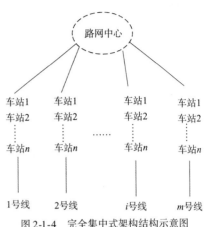

图 2-1-4 完全集中式架构结构示意图

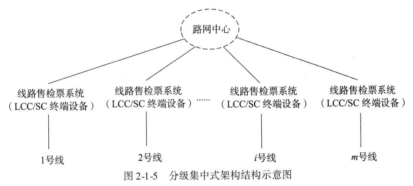

图 2-1-5 分级集中式架构结构示意图

分级集中式架构可以实现路网中不同线路的换乘和清分,满足路网捷运化和信息化的需求,可以实现对全路网票款、客流的全面管理,但系统管理和计算复杂。

分级集中式架构的自动售检票系统能够满足城市轨道交通网络化的基本需求。

不同系统架构的优缺点见表2-1-1。

不同系统架构的优缺点　　　　　表2-1-1

系统架构	优　点	缺　点
线路式架构	系统架构简单,仅适应线路独立的路网	难以适应路网规划,无法实现路网换乘
分散式架构	系统架构简单,数据处理量小,实现区域换乘	难以适应路网规划,无法实现区域间换乘
区域式架构	实现区域式管理,能适应原系统的平稳过渡	系统架构复杂,查询和处理计算量大
完全集中式架构	系统架构简单,线路扩展方便,投资少	增加清分和运营管理的复杂性,数据处理量大,对清分中心设备的要求高,可靠性低于分级集中式架构,与路网规划存在差异
分级集中式架构	系统架构合理,满足线路规划的需求,投资少	清分处理数据量大,对清分中心设备的要求高

知识点 2-1-3　自动售检票系统的结构层次

AFC 系统结构分为 5 个层次，依次为清分中心（AFC Clearing Center，简称 ACC）计算机系统、线路中央计算机（Line Central Computer，简称 LCC）系统、车站计算机（Station Computer，简称 SC）系统、车站终端设备和车票，如图 2-1-6 所示。

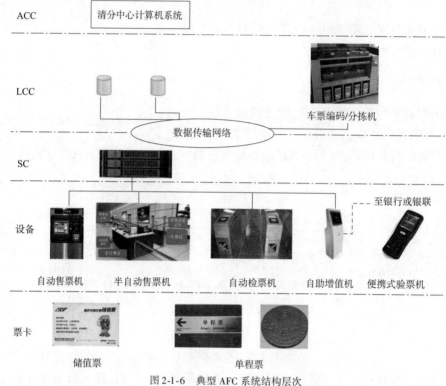

图 2-1-6　典型 AFC 系统结构层次

一、ACC 系统

清分中心计算机系统包括服务器、工作站、网络设备、车票编码/分拣机、不间断电源和打印机等。

清分中心计算机系统具有以下功能：

(1) 设置和下发运行参数、票价表、降级运行式、交易清分数据、黑名单及车票调配信息；

(2) 向城市公共交通清算系统上传"一卡通"车票的原始交易数据，接受系统下发的黑名单等系统控制参数；

(3) 对车票进行跟踪管理，并能提供车票交易的历史数据和车票余额等信息的查询及黑名单管理；

(4) 管理系统时钟同步；

(5) 管理系统密钥；

(6) 车票编码/分拣机具有对系统发行的车票进行初始化编码、票卡分拣和管理，并对应急票进行赋值；

(7)接收和处理线路中央计算机系统上传的各类车票交易数据;

(8)对采集的数据进行分类处理,完成各种统计分析报告和报表打印;

(9)具有系统及数据的自动备份和恢复功能;

(10)对系统中各种参数的设置和更新进行管理。

ACC 系统功能主要包括统一城市轨道交通自动售检票系统内部的各种运行参数,收集城市轨道交通自动售检票系统产生的交易和审计数据,并进行数据清分和对账,同时负责连接城市轨道交通自动售检票系统和城市一卡通清分系统,并规定了对车票管理、票务管理、运营管理和系统维护管理的技术要求。

二、LCC 系统

线路中央计算机系统包括服务器、工作站、网络设备、不间断电源和打印机等。

线路中央计算机系统具有以下功能:

(1)接受、发送城市轨道交通清分系统的运行参数、票价表、降级运行模式、交易结算数据、账务清分数据、黑名单及车票调配信息;

(2)向清分系统上传各类车票的原始交易数据;

(3)接受和处理系统各类车票原始数据、设备状态数据及设备维修数据;

(4)对采集的数据进行分类处理,完成各种统计分析报告和报表打印;

(5)具有系统及数据的自动备份和恢复功能;

(6)设置和管理本线路系统和终端设备的操作权限;

(7)对系统中各种参数的设置和更新进行管理;

(8)应能与时钟系统同步,并将时钟信息下传到车站计算机系统;

(9)在无清分系统的情况下,线路中央计算机系统还应符合清分中心计算机系统功能中第(2)~(6)条的规定。

LCC 系统的主要功能是收集本线路自动售检票系统产生的交易和审计数据,上传给 ACC 系统并进行对账。它规定了对该线路的车票票务管理、运营管理及系统维护的技术要求。

三、SC 系统

车站计算机系统包括服务器、网络设备、操作工作站、紧急按钮、不间断电源和打印机等。

SC 系统将一个车站的自动售票机、自动检票机、半自动售票机等终端设备联系在一起,并进行状态监控;收集本站产生的交易和审计数据,准确生成各种运营报表;将本站数据上传至 LCC 系统,并接收 LCC 系统下达的各种运行参数和命令等。

车站计算机系统具有以下功能:

(1)接受线路中央计算机系统的运行参数、运营模式及黑名单等,并下达至车站终端设备;

(2)采集本车站终端设备的原始交易数据及设备状态数据,并上传给线路中央计算机系统;

(3)对车站终端设备进行实时监控,并能显示设备的通信、运行状态及故障等信息;

(4)完成车站各类票务管理工作,按运营日自动处理所有数据和文件,并生成定期的统计报告；

（5）车站业务处理包括票务管理、数据管理、业务统计、实时监视系统运营、接收和发送运营指令以及设备监控、时钟同步等；

（6）保存不少于 7 个运营日的业务数据和系统数据，并存有数据备份；

（7）记录审核与应用系统和数据库安全性有关的事件；

（8）接收线路中央计算机系统下传的设备更新软件，通过车站系统网络对车站终端设备的软件进行更新。

四、车站终端设备

车站终端设备安装在车站的站厅层，为乘客乘坐城市轨道交通出行提供售检票服务。车站终端设备根据票务规则验证车票，并进行车票费用的处理，收集相关信息并上传到 SC 系统，同时接收来自 SC 系统的命令和参数要求。

影响车站 AFC 设备配置的因素主要有高峰小时进出站客流量、车站 AFC 设备使用能力和站厅与站台层设计布局。

五、车票

车票记录了乘客出行和费用的信息，是乘客乘坐城市轨道交通的有效凭证。早期的城市轨道交通系统一般采用纸票作为车票媒介，随着技术的发展，先后出现了磁卡和智能 IC 卡。目前，城市轨道交通系统使用的车票媒介主要是非接触式智能卡。

知识点 2-1-4　自动售检票系统的运营管理模式

AFC 系统运营管理模式包括正常运营模式、紧急放行模式和降级运营模式 3 种。

一、正常运营模式

正常运营模式是系统默认的工作模式。正常情况下，AFC 系统在正常运营模式下自动运行。

二、紧急放行模式

当城市轨道交通车站发生火灾、爆炸等严重危及乘客和工作人员的人身安全的紧急情况，需要乘客和工作人员紧急撤离时，车站启用紧急放行模式。

在紧急放行模式下，车站内检票机不对车票进行处理；同时，闸门处于常开的状态，以方便乘客紧急疏散。

三、降级运营模式

AFC 系统的降级运营模式包含列车故障模式、进站免检模式、出站免检模式、时间免检模式、日期免检模式和车费免检（超程免检）模式。

1. 列车故障模式

城市轨道交通列车出现运营故障，以至于部分车站暂时终止服务，暂停服务的车站此时处于列车故障模式。

在该模式下,车站内所有乘客均须出站,且暂时不允许乘客进站。自动售票机暂停服务,出站检票机进行检票的工作,对所有票卡写入该模式的标志信息。

2. 进站免检模式

当车站的进站检票机及双向检票机全部故障,无法立即修复,或者车站受到大客流冲击,进站检票能力严重不足,危及乘客安全时,需启用进站免检模式。

在该模式下,自动售票机正常提供售票充值的服务。乘客不需要检票,直接从边门进站。出站时由出站检票机自动补全相应信息。

3. 出站免检模式

当车站的出站检票机及双向检票机全部故障,无法立即修复,或者车站受到大客流冲击,出站检票能力严重不足,危及乘客安全时,需启用出站免检模式。

在该模式下,自动售票机正常提供售票充值的服务。乘客出站不需要进行检票。持单程票的乘客,其票卡被回收;对持其他类型票卡的乘客,在下一次乘坐城市轨道交通出行时进行扣费并完善相应信息。

4. 时间免检模式

当城市轨道交通车站时钟错误或列车延误,导致大量乘客因超时无法正常出站时,车站启用时间免检模式。

启用该模式车站的出站检票机在进行车票检查时,不检查车票本次出行的进站时间,但仍检查车票的票值、进站码、日期等信息。

5. 日期免检模式

由于城市轨道交通运营原因导致车票过期时,可根据相关规定的要求设置日期免检模式。

启用该模式车站的出站检票机在进行车票检查时,不检查车票的有效期,但仍检查车票的票值、进站码等其他信息。

6. 车费免检(超程免检)模式

某个城市轨道交通车站因发生事故或者故障而关闭,导致列车越过该站后才停车时,系统将前方站设置为车费免检模式。

启用该模式车站的出站检票机在进行车票检查时,不检查车票是否超时和超程,但仍检查车票的日期。

任务2-2　自动检票机的运行与维护

1. 了解自动检票机的结构;
2. 掌握自动检票机的功能;
3. 掌握自动检票机对车票的检查与处理。

 技能目标

1. 能辨别自动检票机的各结构；
2. 会使用自动检票机；
3. 能处理自动检票机的基本故障。

 能力目标

1. 具备耐心细致的工作态度；
2. 具备爱岗敬业的职业精神。

知识点 2-2-1　自动检票机的分类与功能

自动检票机(Automatic Gate Machine，简称AGM)是安装在城市轨道交通车站付费区与非付费区的接线处，对车票进行检验和处理，并放行或阻挡乘客出入付费区的设备。

一、自动检票机的分类

常见的自动检票机分类依据有3种：按照通道阻拦装置不同进行分类、按照通道宽度不同进行分类及按照功能不同进行分类。

按照通道阻拦装置不同进行分类，可以将自动检票机分为三竿式检票机、扇门式检票机和拍打门式检票机。

三竿式检票机[图2-2-1a)]结构简单、操作方便，但单位时间内乘客的通过率低。

扇门式检票机[图2-2-1b)]较三竿式检票机设计更为人性化。

拍打门式检票机[图2-2-1c)]主要在高速铁路车站中使用。

a)三竿式检票机　　　　b)扇门式检票机　　　　c)拍打门式检票机

图2-2-1　自动检票机按通道阻拦装置不同分类

图2-2-2　不同通道宽度的检票机

为满足不同乘客出行的需求，按照通道宽度不同，自动检票机可分为宽通道检票机和普通宽度检票机，如图2-2-2所示。

按照自动检票机的功能不同进行分类，自动检票机可分为进站检票机、出站检票机和双向检票机。进站检票机用于乘客进站检票，检票端在非付费区；出站检票机用于付费区乘客出站；双向检票机既可以为乘客提供进站检票服务，也具有出站检票功能。

项目2　自动售检票系统终端设备的运行与维护

二、自动检票机的结构

自动检票机以主控单元为核心结构,由通道阻挡装置、乘客通行传感器(适用于门式检票机)读写器及天线、扫描装置、车票处理装置、乘客显示器、导向指示器、维护单元、警示器和蜂鸣器、电源模块[含 UPS(Uninterrupted Power Supply,不间断电源)]等部件组成。

典型的扇门式检票机结构如图 2-2-3 所示。

1. 主控单元

主控单元是检票机的核心部分,它对外围设备送来的信息进行收集、整理、保存等,并监督和控制其外围设备,使其能正常工作。

2. 通道阻挡装置

通道阻挡装置由扇形门、机械控制结构和控制板组成。扇形门由软性塑胶和内置钢板组成。

图 2-2-3　扇门式检票机结构

3. 乘客通行传感器

乘客通行传感器由通行传感器和高度传感器两部分组成,如图 2-2-4 所示。

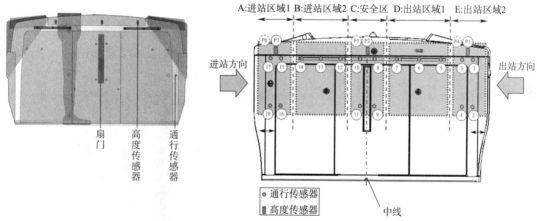

图 2-2-4　乘客通行传感器示意图

4. 读写器与天线

车票读写器模块由读写器和天线组成。进站检票机的车票读写器在乘客进站刷卡时读取票卡的有效性,并写入进站码(进站站点、进站时间等);出站检票机在乘客出付费区时,读取进站信息,计算乘客在付费区内的停留时间,写入出站码,并完成扣费操作。

5. 扫码装置

乘客凭二维码乘坐城市轨道交通出行时,在进出站检票机的扫码区域完成进出站信息的读取与写入,并完成扣款操作。扫码交易流程如图 2-2-5 所示。

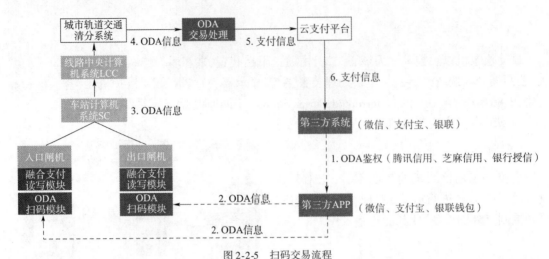

图 2-2-5　扫码交易流程

注：ODA 意为脱机数据认证，是 Offline Data Authentication 的简称。

6. 车票处理装置

车票处理装置是自动检票机的另一个关键部件，车票处理装置负责完成单程票的读写、传送及回收处理。

7. 乘客显示器

乘客显示器(图 2-2-6)安装在检票机的顶部，方便乘客观察，作为检票机工作状态的显示和乘客人机界面的提示窗口，实时反映设备运营状态和处理的车票信息。

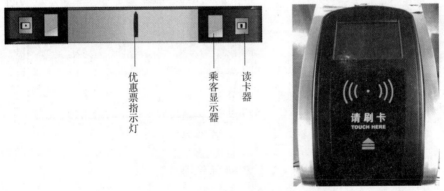

图 2-2-6　乘客显示器

在乘客刷卡或扫码进站时，进站检票机的乘客显示器常见显示内容如图 2-2-7 所示。
出站端乘客显示器常见显示内容如图 2-2-8 所示。
当车站处于紧急模式下，自动检票机的乘客显示器显示内容如图 2-2-9 所示。

8. 导向指示器

导向指示器位于检票机面向乘客的前面板上，显示通道的通行方向标志，远距离指示乘客通道的通行状态。导向指示器显示内容如图 2-2-10 所示。

项目2　自动售检票系统终端设备的运行与维护

图2-2-7　进站端乘客显示器常见显示内容

图2-2-8　出站端乘客显示器常见显示内容

图2-2-9　紧急模式下乘客显示器显示内容

9. 维护单元

维护单元安装在自动检票机内部，在操作员登录后进行检票机的维护工作。

10. 警示器和蜂鸣器

警示灯和蜂鸣器安装在自动检票机的顶部，用来显示乘客的违规行为。

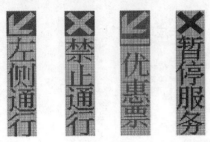

图 2-2-10　导向指示器显示内容

11. 电源模块

电源模块用于自动检票机的日常供电及紧急供电。

三、自动检票机的功能

自动检票机对乘客所持票卡进行检验,并完成本次出行的交易操作。在现阶段 AFC 系统计程计时收费的前提下,乘客进出付费区都需进行车票检验。进站检票机主要检查票卡或手机二维码的合法性,并记录进站的时间和地点;出站检票机检查车票或手机二维码的合法性、进站码信息和付费区内的停留时间,并根据计费规则计算本次出行的费用,完成扣款操作。

技能点 2-2-1　自动检票机日常操作

一、开机操作

(1)打开维修门,如图 2-2-11 所示。
(2)打开总电源控制开关(空气开关)。
(3)打开 UPS 后备电源。
(4)打开电源控制箱开关。
(5)打开工控机开关,自动检票机自动启动界面。
(6)关闭维修门,观察是否进入正常服务状态。

二、关机操作

(1)打开维修门,显示登录界面后输入用户名和密码,如图 2-2-12 所示。
(2)在维护菜单中选择"退出程序"。
(3)在 AGM 系统关闭之后,关闭 UPS。
(4)关闭电源箱开关。
(5)关闭总电源控制开关(空气开关)。
(6)关闭维修门。

图 2-2-11　打开维护门

三、更换、回收票箱

(1)打开回收装置侧维护门。
(2)登录进入维护界面,如图 2-2-13 所示。
(3)使用回收装置上的按钮或使用维护界面中更换票箱中的"弹出票箱"菜单命令,将票箱托盘降到票箱底部。

(4)用钥匙锁住票箱机械锁。
(5)取下票箱。
(6)将新票箱安装到回收装置上。
(7)打开票箱机械锁。
(8)使用回收装置上的按钮或使用维护界面中更换票箱中的装回票箱,将票箱托盘升到票箱顶部。
(9)进入维护界面中的票箱数量界面,将票卡计数清零。
(10)关闭维护门。
(11)退出通道,观察自动检票机是否进入"正常服务状态"。

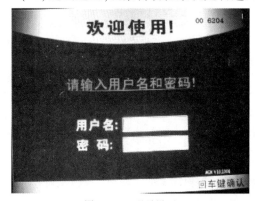

图 2-2-12 登录界面

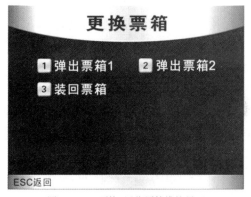

图 2-2-13 更换、回收票箱维护界面

技能点 2-2-2 自动检票机简单故障处理

自动检票机在日常运作中总会出现故障。表 2-2-1 列出了常见的自动检票机故障及处理方法。

常见的自动检票机故障及处理方法　　　　　表 2-2-1

序号	故障现象	可能的故障原因	处理方法
1	开机无显示	无电源输入	检查电源及显示器的连接情况或联系专业维护人员
		部件连接异常	
2	启动时提示"请稍候"	通行传感器异常或被异物遮挡	打开维护门检查传感器指示灯或联系专业维护人员
3	提示暂停服务（非上级系统控制）	维护门打开或维护门传感器异常	检查维护门情况并联系专业维护人员
		票箱满或不到位	更换票箱
		机芯故障	联系专业维护人员
		卡读写模块故障	检查主机与读写模块的连接情况或联系专业维护人员
		维护模块通信异常	对维护模块重新加电或联系专业维护人员
4	登录不成功	输入用户名或密码错误	重新输入
5	设备报警	维护时未在限定时间内登录	重新登录
		三次登录均失败	重新验证用户名和操作密码
		更换票箱后未到位或完成未确认	重新到位并确认完成

任务 2-3　自动售票机的运行与维护

1. 了解自动售票机的结构及功能；
2. 掌握自动售票机各结构的工作原理；
3. 掌握自动售票机的使用及故障处理方法。

1. 能辨别自动售票机的各结构；
2. 会使用自动售票机；
3. 能处理自动售票机的基本故障。

1. 具备耐心热情的服务精神；
2. 具备一定的实践能力。

知识点 2-3-1　自动售票机认知

自动售票机(Ticket Vending Machine，简称 TVM)安装在非付费区，是用于现场自主发售、赋值有效车票，并具备自助处理支付和找零功能的设备。

一、自动售票机的结构

自动售票机主要由主控单元(工控机)、现金处理模块、手机支付模块、维修单元、综合控制器、储值卡处理模块、车票处理模块、运行状态显示器、触摸显示单元、凭条打印机、电源模块等部件组成。自动售票机的外观及内部结构分别如图 2-3-1 和图 2-3-2 所示。

自动售票机的各硬件模块在设计上相互独立，各模块都与主控单元的工控机关联，通过主控单元的调度完成各项系统功能。

1. 主控单元

主控单元也称为工控机，是协调自动售票机动作的中枢，完成自动售票机总体管理功能。其硬件系统由控制器、运算器、存储器、输入设备和输出设备 5 部分组成。

1) 控制器

控制器是控制中枢，发布各种操作命令和控制信息，控制各部件协调工作。控制器由时序电路和逻辑电路组成。

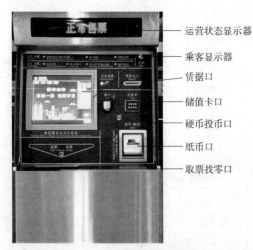

图 2-3-1　自动售票机外观结构

2)运算器

运算器是对信息或数据进行处理和运算的部件,由算术逻辑单元(Arithmetic and Logic Unit,简称 ALU)、寄存器和一些控制电路组成。

3)存储器

存储器用来存储程序和数据,是计算机各种信息存储和交流的中心。存储器以存储单元为存储单位,每个存储单元有一个存储地址。

4)输入设备

输入设备用来输入数据和程序,包括键盘、鼠标、触摸屏等。

5)输出设备

输出设备用来输出计算结果的各种信息,包括显示器、打印机等。

6)总线

总线是主控单元内部各部件之间相互连接、实现信息传输的公共线路。

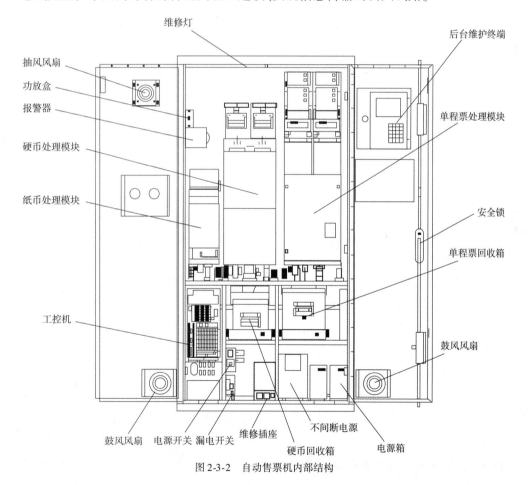

图 2-3-2 自动售票机内部结构

2. 现金处理模块

自动售票机内的现金处理模块关系现金的安全,是自动售票机的关键模块之一。现金处理模块由现金识别和现金找零两部分组成,也可分为硬币识别模块、硬币找零模块、纸币识别模块和金额纸币找零模块。

纸币识别设备一般至少可以识别6种以上的纸币,纸币识别模块用于识别和接收50元、100元人民币纸币,不符合识别参数指标的纸币和假币将退还给乘客。

纸币处理模块接收和处理纸币的流程如下:

(1)纸币处理器收到接收纸币指令,进币口处绿色指示灯亮,提示机芯工作正常,可以插入纸币。

(2)乘客将纸币平整地插入进币口处,纸币机芯模块对插入物进行初步判断,如认定为纸币,则打开进币口电动机,吸入纸币,并自动纠正没有垂直插入的纸币。

(3)吸入的纸币进入传送通道,在纸币识别区经传感器识别纸币合法性及面额特征,采用先进的纸币识别方法对纸币的真伪进行判断。如果纸币是真币且符合接收要求,将会被存放在纸币暂存区;如果为假币或非法纸币,将直接由退币口退还给乘客。

(4)如果本次购票交易成功,则将暂存区的纸币传送至缓冲区(压钞区),压入钱箱存储;如果交易失败或取消交易,则将暂存区的纸币由退币口退还给乘客。钱箱设有位置检测传感器,可以对钱箱已满或将满的状态进行判断。如果钱箱已满,纸币处理单元关闭进币口,停止接收纸币。

硬币处理模块包括硬币鉴币器、硬币钱箱组件和硬币传送机构。硬币找零设备比较复杂,一般至少包括循环找零机构、补充找零机构、清币机构及硬币回收机构。

硬币处理模块接收和处理纸币的流程如下:

(1)乘客投入的1元硬币经过硬币识别模块识别后,进入暂存区,等待下一步的处理;不合格的硬币直接掉入出币口,返还给乘客。当乘客取消交易时,硬币分拣机构将投入的硬币返还给乘客。

(2)当交易成功后,硬币分拣机构自动将硬币投入储币箱或找零箱中(当找零箱的硬币数量低于某一设定值时)。找零机构及找零箱构成硬币循环机构,可以将乘客投入的硬币用作找零。循环式找零箱中的硬币总是保持在一定数量(可由参数设定),如果进入的硬币超过这个数量将进入下面的储币箱,如果找零箱中硬币数量低于设定值,可以由找零补充箱补充。硬币找零箱可以分别存储1元硬币1500个以上,找零出币速度可达5个/s。储币箱和补币箱可以互换,两者都具有电子ID(Identity Document,身份识别号),主机可通过指令查询票箱状态和身份。当钱箱从自动售票机的存放座上取走时,钱箱的入币口会自动关闭,可防止更换钱箱的操作人员接触到钱币。

3. 手机支付模块

乘客在自动售票机上购买单程票或进行储值卡充值业务时,除使用现金支付外,还可支持手机扫码支付。自动售票机可对接乘客手机端微信或支付宝App,完成相应的扣款操作。

4. 维修单元

维修单元供维修工作人员在进行安装、调试、检修和处理故障等情况下使用。

5. 综合控制器

综合控制器是TVM的重要组成部分,主要功能是对设备I/O(输入/输出)部件进行控制。综合控制器的主要功能包括纸币模块到位检测、硬币回收箱到位检测、单程票回收箱到位检测、出票找零口检测、维护门到位检测、报警器、出票找零口照明、硬币操作指引、纸币操作指引等。

6. 储值卡处理模块

储值卡处理单元包括储值卡处理机构和储值卡读写器两个部件。储值卡处理机构用于储值卡的锁定和解锁；储值卡读写器用于对乘客插入的储值卡进行读写。储值卡经过有效性检查验证为有效后，乘客显示器显示卡余额。储值卡增值通过读写操作实现。

7. 车票处理模块

车票处理模块包括车票读写器、供票机构和车票传输机构、票箱、电器控制单元等部件，如图 2-3-3 所示。

在发售单程票的过程中，票卡由供票机构传送到车票读写器，若读取票卡信息为单程票，写入发售日期、发售时间、发售设备、车票余值、发售站点等信息；若读取票卡信息为其他类型车票，则被投入废票箱。

8. 运营状态显示器

运营状态显示器用于显示当前设备的运行模式和操作模式，起支撑和保护自动售票机内机电部件的作用。

9. 触摸显示单元

触摸显示单元包括乘客显示器和触摸屏，用于显示有关售票操作指示和交易信息。乘客显示器还可以替代运营状态显示器，用于显示当前设备的运行模式和操作模式。

运营状态显示器和乘客显示器如图 2-3-4 所示。

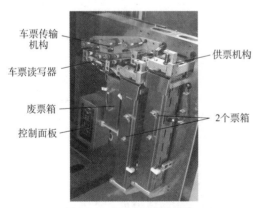

图 2-3-3 车票处理模块结构

图 2-3-4 运营状态显示器和乘客显示器

10. 凭条打印机

凭条打印机用于为乘客和操作员打印凭条。

11. 电源模块

电源模块为自动售票机提供日常用电及紧急备用电。

二、自动售票机的功能

自动售票机通过人机交互页面,主要实现以下功能:

(1)接受乘客的购票选择,并在购票过程中给出提示信息及操作指导,以及对储值卡的充值。

(2)可以接受乘客投入的现金(或储值票、信用卡等其他付费介质)并自动完成识别,对无法识别的现金(或储值票、信用卡)予以退还。

(3)自动计算乘客投入的现金数量及购票金额,并自动找零。

(4)自动完成车票校验、车票发售及出票。

(5)对各部件的工作状态进行自动监测,并向车站计算机系统上报其工作状态。

(6)接受车站计算机系统下发的参数和控制命令,并执行相应的操作。

(7)存储并上传交易信息。

(8)对本机接收的现金及维护操作进行管理。

技能点 2-3-1　自动售票机操作

一、自动售票机日常操作

自动售票机的日常操作流程如图 2-3-5 所示。

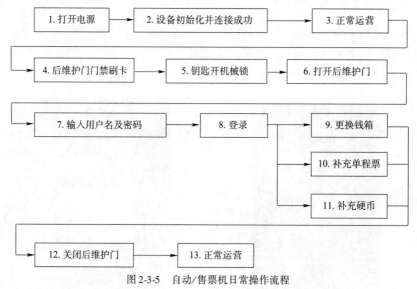

图 2-3-5　自动/售票机日常操作流程

下面以补充壹元硬币为例简要说明补币和更换钱箱的操作流程。

1. 补充硬币

补充硬币的具体操作流程如下:

(1)登录操作。

(2)维护界面操作。

根据"维护菜单"界面,在维护键盘上点击相应的数字"1",进入"日常操作"界面,如

图 2-3-6 所示。

点击"更换找零钱箱"显示"1 元硬币找零箱 1"的快捷键"1",在维护键上点击相应的数字"1",点击后进入"补充 1 元硬币"界面,如图 2-3-7 所示。

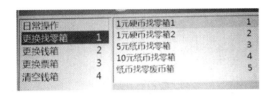

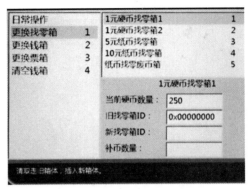

图 2-3-6 "日常操作"界面　　　　　　图 2-3-7　补币界面

进入"补充伍元硬币"操作界面后,在维护键盘上点击"F3"键,输入加入硬币数量。

(3) 硬币加入。

(4) 完成硬币补充。

加币完成后,在维护键盘点击"F4",在维护键盘上按"1"键或"Enter"键确定逆时针开锁,抽出挡板加币。

退出后维护,关闭后维护门并确认。待整机状态恢复正常后,操作结束。

整个操作过程中需特别注意的是,加入的硬币数量要与写入的电子数量一致。

2. 更换单程票箱

更换单程票箱是对 TVM 单程票箱 1 和单程票箱 2 的单程票箱进行替换,以确保正常运营。下面对更换单程票箱 1 进行讲述。

更换单程票箱的具体操作流程如下:

(1) 登录后维护。

(2) 维护界面操作。

①根据"维护菜单"界面显示"日常操作"的快捷键"1",在维护键盘上点击相应的数字"1",点击后进入"日常操作"界面。

②根据"日常操作"界面显示"更换单程票箱 1"的快捷键"2",在维护键盘上点击相应的数字"2",点击后进入"更换单程票箱 1"界面。

(3) 进行单程票箱的取出与装回。

(4) 完成单程票箱更换。

①单程票箱更换完成后,在"更换单程票箱 1"操作界面,在维护键盘上点击"F3"键,输入加入单程的票数量,点击维护键盘上"Enter"键。

②确认输入的数量无误后,在维护键盘点击"F4"键完成更换,写入真实加票数量。

③弹出更换票箱确认界面后,维护键盘上按"1"键或"Enter"键确定更换完票箱。

④确认整机状态恢复正常,操作结束。

二、乘客操作

自动售票机是自助型系统设备,通过乘客操作界面实现点选操作。其中,乘客购票界面、乘客充值界面分别如图 2-3-8、图 2-3-9 所示。

图 2-3-8　乘客购票界面

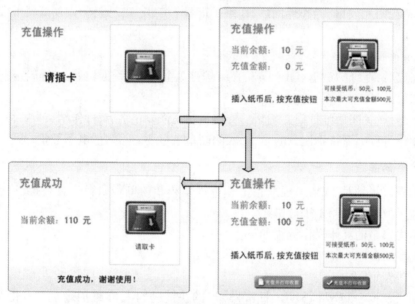

图 2-3-9　乘客充值界面

技能点 2-3-2　自动售票机简单故障处理

自动售票机在使用过程中,常见的故障现象、原因及处理方法见表 2-3-1。

自动售票机故障及处理方法　　　　　　　　　　表 2-3-1

序号	故 障 现 象	可能的故障原因	处 理 方 法
1	开机无显示	无电源输入	检查电源及显示器、部件连接或联系专业维护人员
2		部件连接异常	
3	提示暂停服务 (非上级 系统控制)	单程票处理单元异常	首先检查部件电源及通信连接,或联系专业维修人员
4		硬币单元和纸币单元同时异常	
5		触摸屏异常	

续上表

序号	故障现象	可能的故障原因	处理方法
6	提示暂停服务（非上级系统控制）	后维护门在开启状态或后维护门状态检测传感器异常	首先关闭后维护门，或联系专业维修人员
7		连续出废票	首先登录后维护再退出，或联系专业维修人员
8	提示只接收硬币方式	纸币识别单元异常或找零硬币不足	先维持此方式运行，并联系专业维修人员或站务人员
9		硬币前向满或离位	
10	维护界面显示器没有画面信息	主控程序未启动	启动主控程序
11		维护单元与主机连接线故障	检查连接或联系专业维护人员
12		维护单元硬件故障	
13	登录不成功	输入密码错误	重新输入
14		用户不存在或用户操作的设备种类不正确	检查数据库参数，或重新下发用户、设备操作权限等参数
15	设备报警	未在限定时间内登录	重新登录
16		三次登录均失败	人工重新验证用户信息，再输入操作密码重新登录
17		未进行更换钱箱登录而直接挪走钱箱	人工重新验证用户信息，输入操作密码重新登录，再按正规流程进行更换钱箱操作
18		更换钱箱后未归位	重新归位并确认完成
19	未完成购票操作而纸币被退回	操作超时	重新购票操作
20	卡票	出票漏斗处卡票	拧开出票漏斗滚花螺丝，打开漏斗取出被夹的票
		电磁铁闸口处	用非金属物体拨动通道或电磁铁闸门，让票进废票箱或出票口
		出票通道和金属通道衔接处	轻轻向后拉开车票发售机构，取出被夹的票，再将车票发售机构推到位
		出票找零口处	直接取出
		漏斗内	上报专业维护人员处理
21	卡币	鉴币器入口处	通过维护命令，使硬币退到出票找零
		鉴币器内	上报专业维护人员处理
		其他位置	上报专业维护人员处理
22	纸币被夹	纸币有可能被夹在纸币单元内	上报专业维护人员处理
23	硬币回收箱不能推到位	箱盖内的复位销未拨到上位	箱盖内的复位销拨到上位，再装入
24	纸币钱箱不能上锁	推进时纸币钱箱指示灯为红色	打开纸币钱箱侧盖再锁上，此时应指示绿灯；轻轻把纸币钱箱推到位；锁紧纸币钱箱，此时应指示红灯，完毕

任务 2-4　半自动售票机的运行与维护

 知识目标

1. 了解半自动售票机的结构及功能；
2. 掌握半自动售票机的操作流程；
3. 掌握半自动售票机的使用及故障处理方法。

 技能目标

1. 会使用半自动售票机；
2. 能处理半自动售票机的简单故障；
3. 能处理乘客票务事务。

 能力目标

1. 维护企业形象；
2. 具备团队协作精神及与人沟通的能力；
3. 具备认真负责的工作态度。

知识点 2-4-1　半自动售票机认知

半自动售票机(Booking Office Machine,简称 BOM)，是用于现场人工辅助发售、赋值有效车票，具备售票、补票、查询、更新等票务事务处理功能的设备。半自动售票机能按照 AFC 系统设置的票价表、购票限额、优惠制度、押金等系统参数发售或处理乘客使用的车票，由车站工作人员操作。半自动售票机可发售各种类型的车票，同时兼有补票、对储值票充值、对车票进行查验和票据打印的功能。半自动售票机具有收益管理功能。售票速度大于 1.25 张/s，平均故障间隔次数大于或等于 50000 次。

一、半自动售票机的结构

半自动售票机应能为付费区与非付费区乘客提供服务，兼顾售票和补票的功能。使用同一车票处理设备，有两个面向不同区域的乘客显示器，来处理付费区和非付费区的乘客事务，如图 2-4-1 所示。

半自动售票机以主控单元为核心，辅以乘客显示器、读卡器、电源等模块，还可以根据需要加配触摸屏、钱箱等部件，其组成如图 2-4-2 所示。

主控单元一般选用可靠性高的工业控制一体机，具有丰富的外部接口以支持外部设备的连接，安装有控制软件，负责控制半自动售票机各模块的运行，完成车票处理、现金处理、状态监控等操作。

图 2-4-1　半自动售票机处理乘客事务

项目2　自动售检票系统终端设备的运行与维护

图2-4-2　半自动售票机结构图

乘客显示器一台用于票务员操作，一台负责向乘客显示当次交易信息，如付款金额、购票数量、找零等信息。

打印机负责打印各种票据和运营报告。

桌面车票读写器完成对车票赋值、分析和查询等操作。

车票发售模块完成单程票的自动发售，可提高人工售票的效率。城市轨道交通车站虽主要通过自动售票机发售单程票，但优惠票只能在半自动售票机上凭相应证件进行购买，且在突发紧急情况时，半自动售票机可以用来应急发售单程票。

二、半自动售票机的功能

半自动售票机是在车站中以人工方式为乘客提供服务的售/补票设备，主要功能包括：车票发售和赋（加）值、补票、车票更新、退票、车票分析、车票处理、车票查询、收益管理、设备操作等。

半自动售票机与车站 AFC 系统相连，可以接受车站 AFC 系统下达的各种参数及指令，同时向车站 AFC 系统以及线路 AFC 系统传送各类数据。同时，半自动售票机还具备离线、在线状态自动检测切换的能力，根据当前的线路状态，动态提供能够处理的功能。在线状态下，能够实时从车站 AFC 系统下载各种参数、接受车站 AFC 系统的控制指令，能上传监控数据，根据预先设定的方式上传所处理的各种交易数据，与车站 AFC 系统进行对账处理。离线状态下，除了提供需要的功能外，还要保存本地运行数据的备份，在检测到网络恢复以后，进行数据的上传和续传，并进行数据账目的核对。

技能点2-4-1　半自动售票机操作

一、系统登录

1. 功能描述

在正式进入半自动售票机系统进行具体功能操作之前，要求用户进行注册登记。只有通过系统认证，成为合法的用户，才有权利进入系统，同时系统将会根据注册的用户进行功能授权和权限控制，使得用户只能合法地操作已授权的功能。

系统登录的同时对用户身份进行验证，并对外置读卡器进行检测。

2. 操作

（1）打开如图2-4-3所示的登录界面，在"员工号"和"密码"对话框中输入申请的用户权限，单击"确定"按钮。

（2）成功登录后，显示如图2-4-4所示的"系统主界面"。

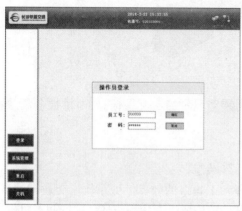

图2-4-3　半自动售票机系统登录　　　　　　图2-4-4　半自动售票机系统主界面

（3）登录验证外置读卡器。如果登录失败，则显示如图2-4-5所示的界面。

二、系统管理

"系统管理"模块为系统管理员提供系统管理功能，系统管理员在此模块对计算机进行维护。

（1）单击"系统管理"，显示如图2-4-6所示的管理登录界面。

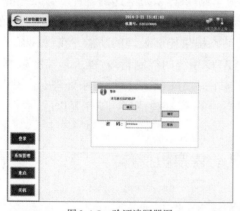 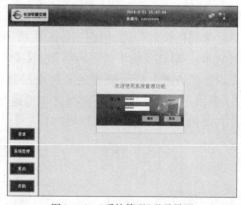

图2-4-5　验证读写器图　　　　　　图2-4-6　"系统管理"登录界面

（2）在"员工号"和"密码"对话框中输入用户ID和密码，系统验证通过后进入管理页面，如图2-4-7所示为"系统管理"登录成功界面。

（3）调整和维护。

①管理员选择"我的电脑"，进行电脑文件维护。

②管理员选择"调整日期",进行日期调整,如图2-4-8所示。

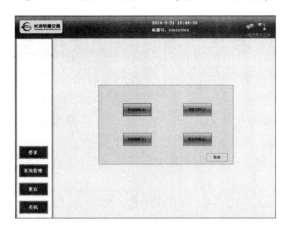

图2-4-7 "系统管理"登录成功界面

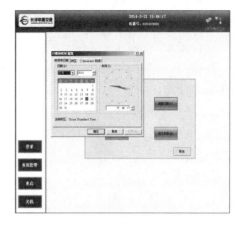

图2-4-8 "调整日期"界面

③管理员选择"控制面板",进行系统配置维护,如图2-4-9所示。
④管理员选择"退出系统",可退出半自动售票机系统。

三、售卡

半自动售票机具有售票功能,能够发行系统允许发行的各类车票,包括单程票、储值票、纪念票、计次票及将来可能发行的票卡。

(1)点击"售卡",显示如图2-4-10所示的"售卡"操作界面。

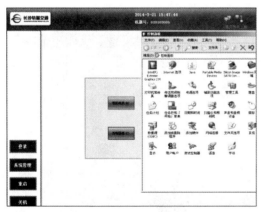

图2-4-9 "系统配置维护"界面

图2-4-10 "售卡"操作界面

(2)票务员选择票卡类型。售卡类型有单程票和储值票两种。
①当选择单程票时,通过选择目的地点,系统会自动计算票价金额,点击"确定"按钮后,放置票卡在读写器上进行售票操作;也可选择按票价购票,然后再选择票价金额和购票张数,点击"确定"按钮,放置票卡在读写器上进行售票操作。
②当选择储值票时,票务员可以按照乘客要求选择不同面值的储值卡,点击"确定"按钮后,放置票卡在读写器上进行售票操作。

四、充值

半自动售票机具有充值功能,可以对城市轨道交通运营企业发行的储值票和计次类车票进行充值(次)。半自动售票机进行储值卡的操作是联网进行充值。与充值相关的参数有可充值的票种、充值次数、充值上/下限等,所有参数必须由票务中心下发到半自动售票机,并与票务中心保持一致。

对于可透支的储值票,充值时必须从充值额中扣除透支的金额。对于计次类车票只可选择由系统参数设定的金额。

半自动售票机可从线路中央计算机系统下载充值金额列表信息,并对储值票及计次票充值分别进行设定。

(1)票务员单击左侧菜单"充值"按钮,显示如图2-4-11所示的"充值列表"界面。

(2)票务员将储值卡放置于读卡器感应区,并根据乘客要求选择对应充值金额。

(3)单击"确定"按钮,完成充值。

五、异常处理

异常处理是指对不能正常进、出站的票卡进行读卡分析,根据分析得出的异常原因进行处理或给出解决方式。四种可能的异常原因为在非付费区显示"票卡为已进站状态";在付费区显示"余额不足""滞留超时""无有效票卡"等,其中只有"无有效票卡"(不能出示有效票卡、票卡过期等)可以由人工确定,其余的必须通过"车票分析"来确定。

1. 主菜单

选择主菜单中的"异常处理",打开如图2-4-12所示的"异常处理"界面;

图 2-4-11 "充值列表"界面

图 2-4-12 "异常处理"界面

2. 区域选择

选择所在区域("付费区"或"非付费区"),系统默认最近一次更改的所在区域,如图2-4-13所示。读卡分析后,在"卡基本信息"框中显示卡的基本信息。

1)付费区内

(1)如果是非有效票卡(票卡已明显损坏或无票卡):

①人工选择"无有效票卡";
②在"付款额"处输入出售的出站票金额;
③单击"异常处理"按钮;
④系统将按照付费额售出一张出站票,在"处理结果"栏中显示处理结果。

(2)如果能够出示票卡:

①单击"读卡分析"按钮,系统提示"请将卡片置于读卡器上";
②按系统要求将票卡放在读卡器上读卡,否则点击"取消"按钮取消本次操作;
③系统进行读卡分析,分析结果显示在"显示结果"栏中;

图 2-4-13 "所在区域"选择界面

④付费区内可能的情况为卡余额不足、滞留超时和无有效票卡(具体规定另有详细说明),如果属于这三种可能情况中的一种,在付款额处输入罚金或充值金额;
⑤选择"现金支付"或"卡支付",当卡余额不足或无有效票卡时,系统拒绝使用"卡支付"方式;
⑥单击"异常处理"按钮,系统会对票卡异常原因作出处理(票卡充值、更改入站时间、售出站票等),对于其他异常情况系统会提示另作出处理。

2)非付费区内

票卡异常原因可能为票卡为已进站状态(其他情况系统将提示原因,需手工另行处理):

(1)单击"读卡分析"按钮,系统出现"请将卡片置于读卡器上"框。
(2)按系统要求将票卡放在读卡器上读卡,否则点击"取消"按钮取消本次操作。
(3)系统进行读卡分析,分析结果显示在"分析结果"栏中。
(4)如果异常原因为"票卡为已进站状态",按照进站时长在"处理方式"的"付款额"中输入的罚款金额。
(5)进站时间小于或等于20min,则免费更新;进站时间大于20min,则按照相应票种最低票价收取更新费用。
(6)选择"现金支付"或"卡支付"方式支付罚金。
(7)单击"异常处理",系统自动清除卡入站标识,异常处理结果显示在"显示结果"栏中。
(8)如果支付罚金的方式是"现金支付",则卡上不写入交易,仅清除已进站标识。

六、退票

退票即退卡,退票后该车票即回收不可再使用,上交票务中心重新处理。

退票分为即时退票和非即时退票两种,在办理退票前,票务员应检查车票的有效性、合法性和车票状态。单程票只有在当天于本站售出、能正常读取信息、无进站码且卡面保存完好的前提下方可退票。储值卡在能正常读取信息且卡面保存完好的前提下方可退押金。

(1)单击"退票退款"按钮,进入如图 2-4-14 所示的操作界面。
(2)操作员将票卡放置于读卡器感应区。

(3)单击左上角"退卡"按钮,系统会自动读取票卡信息并将票卡信息显示于处理界面。

(4)选择退卡原因。如图2-4-15所示,点击"确定"按钮,系统会自动判断票卡是否允许退还,并给予信息提示。

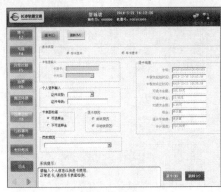 

图2-4-14 "退票"界面　　　　　　图2-4-15 "退票原因"界面

七、维护

半自动售票机提供操作间休、软件维护、终端维护、参数管理、数据管理的功能,其"维护"界面如图2-4-16所示。

图2-4-16 "维护"界面

技能点2-4-2　半自动售票机故障及处理

半自动售票机常见故障现象、原因及处理方式见表2-4-1。

半自动售票机常见故障现象、原因及处理方式　　　　　　表2-4-1

故障现象	故障原因	处理方式
无法正常充值	储值卡读卡器没有正确连接	正确连接储值卡读卡器
屏幕显示"网络连接失败"	网络出现故障	(1)检查半自动售票机和服务器之间的网络连接是否正常; (2)检查系统服务器软件是否正常运行
乘客显示器没有显示	可能是由于乘客显示器电源没有打开或者连接错误	打开乘客显示器电源或者检查线缆连接情况
不能打印凭条	可能是由于打印机电源没有打开或者打印纸已经用尽	打开打印机电源或者正确安装打印纸
无法发售单程票	单程票发售模块内没有放入车票或者票箱没有正确安装	(1)放入发售用车票; (2)正确安装票箱

续上表

故障现象	故障原因	处理方式
启动后显示"暂停服务",不能进入工作状态	可能是由于维修门没有关上	检查维修门并将维修门全部关紧上锁
打印的凭条没有内容	打印机色带没有安装或者已经用尽	正确安装色带或更换色带
启动后操作员显示器没有显示	半自动售票机内部工控机没有开机或显示器处于关闭状态	打开工控机电源或打开显示器电源

项目3　电扶梯系统的运行与维护

任务3-1　自动扶梯的运行与维护

1. 掌握自动扶梯的操作方法；
2. 理解自动扶梯的构造和原理；
3. 了解自动扶梯的分类、功能和特点；
4. 熟悉自动扶梯的控制方式；
5. 了解自动扶梯的日常检查内容与维护措施。

1. 能对自动扶梯进行基本操作；
2. 能识别自动扶梯的基本部件；
3. 能处理自动扶梯的常见故障。

1. 具备一定的职业素养；
2. 具备临时应变的能力；
3. 具有安全意识,有责任心,能吃苦耐劳。

知识点3-1-1　自动扶梯基础知识

一、自动扶梯的定义及结构组成

自动扶梯为带有循环运动梯级(路)向上或向下倾斜运输乘客的固定式电力驱动设备。自动扶梯以其能够连续自动输送乘客、生产效率高、运输能力大、能够逆转等优点逐渐被各个城市轨道交通车站采用,更为乘客能够快速从车站疏散提供了保障,从方便乘客的角度提高了整个城市轨道交通行业的服务水平。

自动扶梯的整体结构主要由支撑部分、运载系统、驱动系统、扶手系统、电器控制系统和安全保护系统组成,其中驱动系统是自动扶梯的核心系统。自动扶梯的核心部件是两根链条,它们绕着两对齿轮进行循环转动。自动扶梯的基本结构如图3-1-1所示,主要包括桁架、驱动装置、梯级、导轨等。

1. 桁架

桁架是整台动扶梯的构架,是自动扶梯其他构件的载体,用来承受各种荷载以及将建筑物两个不同层面的地面连接起来。扶梯的所有零部件都装配在这一金属结构中,为驱动机组、栏杆、导轨等提供固定的位置,并保持其相互的位置。桁架一般用角钢、型钢或方形与矩形管等焊制而成,有整体焊接桁架与分体焊接桁架两种。桁架按照扶梯的设计至少分为三段,如图 3-1-2 所示。

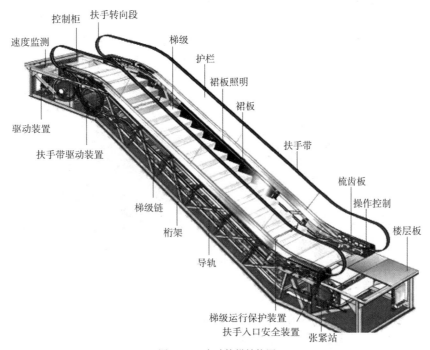

图 3-1-1　自动扶梯结构图

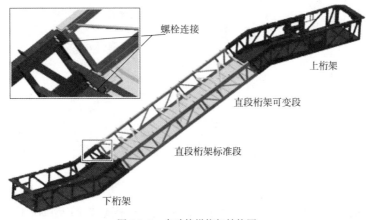

图 3-1-2　自动扶梯桁架结构图

2. 导轨

导轨一般由主轮、辅轮的全部导轨、反轨、导轨支架和转向壁等组成,起到决定梯级的运动轨迹、防止梯级跑偏,并在梯路上下分支上支承梯级主敷轮荷载的作用,是自动扶梯的工作灵魂与主导,其实物图如图 3-1-3 所示。

图 3-1-3 自动扶梯导轨实物图

3. 梯级

梯级是直接与乘客接触的运动部件,是自动扶梯的承载部件,多个梯级通过牵引链条和牵引齿条在动力驱动系统的驱动下形成运动的梯路。梯路在桁架上沿着固定轨迹连续运行,完成对乘客的连续输送。如图 3-1-4 所示,梯级主要由踏板、踢板、主轮、辅轮组成。梯级的宽度一般在 580~1100mm,梯级高度不大于 240mm。

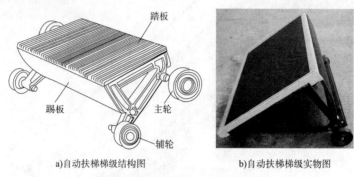

a) 自动扶梯梯级结构图　　b) 自动扶梯梯级实物图

图 3-1-4　自动扶梯梯级结构及实物图

4. 梯级链

梯级链主要由梯级主轮、内外链片、异型销轴、圆柱销轴等组成,如图 3-1-5 所示。它是自动扶梯传递动力的主要部件,于梯级两侧各装设一条,两侧梯级链条通过梯级轴连接起来,将主机的动力传递给梯级,使梯级沿着导轨运动。

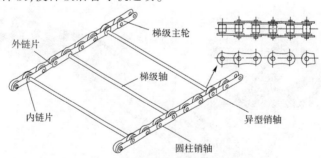

图 3-1-5　自动扶梯梯级链结构图

5. 驱动装置

自动扶梯驱动装置是指驱动扶梯运行的部件,它的作用是为梯级和扶手带运行提供动力。驱动装置一般由驱动主轴、驱动机组、牵引链轮及传动链条等组成,如图 3-1-6 所示。驱动装置位于自动扶梯的头部或中部。

6. 扶手装置

扶手装置设置在扶梯两侧,是一种便于乘客扶握且对乘客起到安全保护作用的部件。如图 3-1-7 所示,扶手装置由扶手带、滚架及导向器等组成。其中扶手带是供乘客扶手的运动部件,扶手带的速度一般比梯级的速度稍快(不超过2%)。

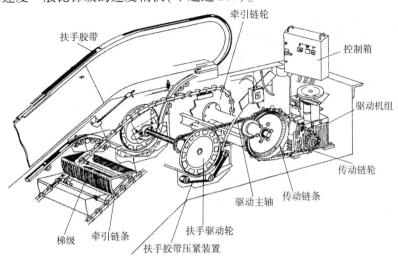

图 3-1-6　自动扶梯驱动装置结构图

7. 梳齿、梳齿板、楼层板

(1) 梳齿、梳齿板。如图 3-1-8 所示,在扶梯出入口处应装设梳齿与梳齿板,以确保乘客能够安全过渡。

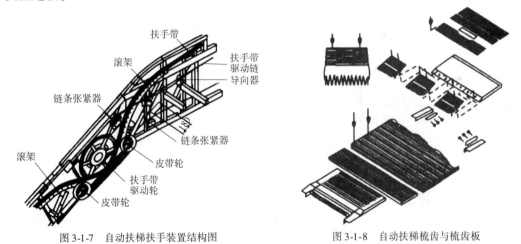

图 3-1-7　自动扶梯扶手装置结构图　　　　图 3-1-8　自动扶梯梳齿与梳齿板

(2) 楼层板。楼层板既是扶梯乘客的出入口,也是上平台、下平台维修间(机房)的盖板,一般由薄钢板制作而成。

8. 安全保护装置

常见的安全保护装置包括扶手带入口保护装置、急停按钮、裙板保护装置、梯级塌陷保护装置、梳齿保护装置、速度监测装置、驱动链断链保护装置、梯级缺失保护装置等。

(1) 扶手带入口保护装置。扶手带入口保护装置如图 3-1-9 所示,它的主要作用是当有物体夹入扶手带入口时,使扶梯停止运行,故障排除后安全开关自动复归。

(2) 紧急停止按钮。如图 3-1-10 所示,扶梯入口处操纵盒上有一个红色紧急停止按钮,当遇到紧急情况时,可以立即按下,使扶梯停止运行。

图3-1-9 扶手带入口保护装置

图3-1-10 紧急停止按钮

（3）裙板保护装置。裙板保护装置如图3-1-11所示,它的主要作用是当有物体夹入踏板和裙板之间时,使扶梯停止运行。故障排除后,安全开关自动复归。

（4）梯级塌陷保护装置。梯级塌陷保护装置如图3-1-12所示,它的主要作用是当梯级下陷变形或断裂时,使扶梯停止运行。故障排除后,安全开关手动复归。

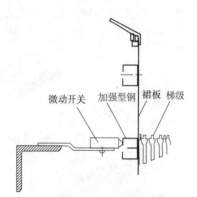

图3-1-11 裙板保护装置示意图

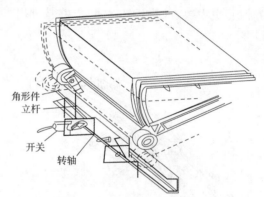

图3-1-12 梯级塌陷保护装置示意图

（5）梳齿保护装置。梳齿保护装置如图3-1-13所示,它的主要作用是当有异物卡入、梳齿板与梯级或踏板发生碰撞时,使自动扶梯或自动人行道自动停止运行。

（6）速度监测装置。速度监测装置如图3-1-14所示,它的主要作用是通过传感器A和传感器B检测牵引链轮的速度,来判断电梯是否超速运行,并执行超速安全保护功能。

（7）驱动链断链保护装置。驱动链断链保护装置的主要作用是在张紧装置的张紧弹簧端部装设开关,当牵引链条由于磨损或其他原因而过长时,即碰到开关,切断电源而使自动扶梯停止运行。

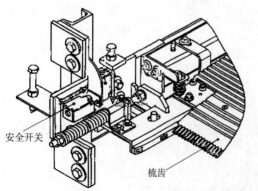

图3-1-13 梳齿板保护装置示意图

二、自动扶梯的分类

(1)按驱动装置的位置分类:端部驱动(链驱动)自动扶梯、中间驱动(齿条驱动)自动扶梯。

(2)按运载能力分类:普通型自动扶梯、公共交通型自动扶梯。

(3)按运行速度分类:恒速自动扶梯、可调速自动扶梯。

(4)按提升高度分类:小高度自动扶梯(<8m),中高度自动扶梯(8~25m),大高度自动扶梯(25~65m)。

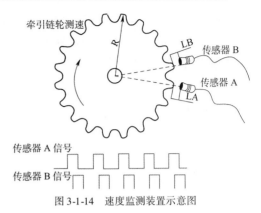

图3-1-14 速度监测装置示意图

(5)按自动扶梯梯路线形分类:直线形自动扶梯和螺旋形自动扶梯。

三、自动扶梯的工作原理

自动扶梯的工作原理是:利用一系列梯级与两根牵引链条连接在一起,沿一定线路布置在导轨上,由牵引链条绕过上牵引链轮、下张紧装置,并通过上下分支的若干直线、曲线、区段构成闭合回路。同时扶梯两旁装有与梯路同步运行的扶手装置,以便能保障乘客乘坐扶梯的安全。

四、自动扶梯的功能及特点

(1)输送能力大、生产效率高,能连续运送乘客,特别适用于有大量人流汇集与疏散的场所,如车站、机场、码头等。

(2)自动扶梯能实现上、下行逆转,同时近年来又出旋转式和平行式等新型自动扶梯,以满足不同场所的需要,甚至可以实现从车站站台层到地面出入口的连续输送。

(3)自动扶梯有水平区段,当产生附加的能量损失提升高度较大时,乘客在自动扶梯上停留时间较长。

(4)造价较高。对自动扶梯一般要求其运行安全、平稳、结构紧凑、可靠程度高,同时为提高自身的运行效率(运营的经济性),自动扶梯应该有智能控制的功能。

(5)传送带的整体结构是敞开的,周围环境容易对其造成伤害。

(6)运动部件的间隙对人体有夹持危险。

(7)对人体的施力方向与人的重力方向不一致,容易使人倾倒,扶手带的线速度必须与梯级相同或稍大于梯级线速度。

五、自动扶梯的控制方式

1.正常情况下自动扶梯就地控制方式

自动扶梯一般采用就地控制方式,在上下梯头的位置可设置钥匙开关直接启动和停止自动扶梯,同时还设有正常运行和节能运行两种模式可供选择。正常运行模式是指自动扶梯以额定的速度恒定运行，节能模式指自动扶梯在无人时以低速运行，达到节能的功能。自动扶梯还有一种维修模式，是在自动扶梯进行正常维修保养时的低速运行模式，一般通过插接专门的维修控制盒进行人工控制。

2. 紧急情况下自动扶梯运行方式

紧急情况下，一般通过安装在车站控制室的远程紧急停止按钮来控制自动扶梯，对所有出入口的自动扶梯设置一个紧急停止按钮，在紧急情况下可使所有出入口扶梯停止运行。对于站内的自动扶梯，每台自动扶梯设置一个紧急停止按钮，根据需要使相应的自动扶梯停止运行，一般上行的自动扶梯保持上行，下行的自动扶梯停止，同时根据需要将停止的下行自动扶梯转为上行。

3. 远程操作模式

远程操作模式是在车站及控制中心控制自动扶梯的运营，这种控制模式要求比较严格，一般很少采用。国家相关规范中要求，一般自动扶梯的启动和停机需保证扶梯上方无任何人或物，如需采用这种模式，可以在扶梯周边加装摄像头，监视整个扶梯的情况，实现远程控制。

知识点 3-1-2　自动扶梯的日常检查与维护

一、自动扶梯日常检查与维护的内容

自动扶梯在使用过程中，应对其进行经常或定期性检查，并进行合理的维护，以延长其使用寿命，保证其安全可靠地运行。自动扶梯的日常检查项目及内容见表 3-1-1。

自动扶梯日常检查内容　　　　　　　　表 3-1-1

序号	项　目	检 查 内 容
1	运行开关	开关是否完好；功能是否正常
2	紧急停止按钮	开关是否完好；功能是否正常
3	运行显示	显示器外观是否完好；显示功能是否正常；是否有故障代码
4	梯级	梯级运行是否正常；是否有异常噪声；边缘黄色带外观是否完好；梯级上空 2.3m 以内是否有障碍物
5	扶手带	扶手带外观是否完好；运行是否正常；是否有异常温度变化；是否有异常噪声；如果有扶手带照明，扶手带照明是否正常
6	梳齿板	梳齿外观是否完好；梳齿板固定是否完好；运行时与梯级是否无刮碰
7	裙板	裙板外观是否完好；固定是否完好；是否有异常噪声；毛刷是否完好
8	内、外盖板	内外盖板外观是否完好；固定是否完好
9	壁板	壁板外观是否完好
10	上、下盖板	上、下盖板外观是否完好；盖板的铺设是否符合要求；盖板上空 2.3m 以内是否有障碍物；盖板处是否有异常噪声（盖板下面曳引机等设备）传导
11	出入口	出入口外是否无障碍物；出入口保护开关是否完好；开关功能是否正常
12	光栅	光栅外观是否完好、清洁；功能是否正常
13	运行状态	运行是否正常；噪声是否符合要求；是否无静电
14	标识、标志	各警示标识、标志是否完好

二、自动扶梯日常维护措施

为了保障乘客的安全,自动扶梯必须指定专人负责维护。维护人员必须经过自动扶梯基本知识培训才可上岗操作。

(1)每日应对自动扶梯的外表面、梯级踏板和前沿板用吸尘器进行一次除尘,对钢化玻璃、不锈钢内外盖板、围裙板及铝合金扶手支架等,一般采用软质棉布干擦,保持光亮。

(2)应每日清理扶梯上、下水平段金属骨架内的杂物、垃圾,其方法是断开电源,揭开梳齿前沿板装置的后板,用吸尘器将翻落在金属骨架底板上的杂物及垃圾吸取干净。

(3)为了使驱动主机保持良好的散热状态,每周必须对曳引机的外壳进行一次除尘,方法同上。

(4)扶手带是供乘客扶手之用,因此应经常用湿布擦洗。如果扶手带很脏,可用抹布浸泡中性洗洁剂或厨用清洁剂反复擦拭,直至发亮为止。禁止使用溶脂剂、汽油及含有汽油成分溶剂一类的清洁剂,以免橡胶过早老化,使扶手带的寿命缩短。

技能点 3-1-1　自动扶梯的运行

一、自动扶梯的基本操作

下面仅以三菱自动扶梯为例介绍扶梯的基本操作,其他自动扶梯系统的操作原理类似。

1. 自动扶梯的操作按钮

自动扶梯的操作按钮主要包括紧急停止开关、照明开关、模式转换开关、蜂鸣器和停止开关、启动开关、语音提示开关。其中,模式转换开关可以切换自动节能模式和全速运行模式,语音提示开关可开启提示乘客安全乘梯的语音。自动扶梯的操作按钮分别如图 3-1-15 ~ 图 3-1-17 所示。

图 3-1-15　自动扶梯上方左侧按钮

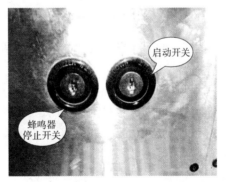

图 3-1-16　自动扶梯上、下方右侧按钮

2. 自动扶梯的开启

(1)查看出入口、梯级、扶手等部位的清洁情况,确认梯级及梳齿部位没有小石子或钉子等妨碍运行的杂物。

(2)将钥匙插入"照明开关"(图 3-1-15),转至"开"侧打开照明。

(3)将钥匙插入"蜂鸣器和停止开关"转至"蜂鸣器"侧,使蜂鸣器鸣响数秒,向周围人们

图3-1-17 自动扶梯下方左、右侧按钮

发出将要运行的提示。

(4)确认自动扶梯上没有乘客或异物后,将钥匙插入"启动开关",转至"上行"或"下形"侧,并保持1s以上,启动自动扶梯。

3. 自动扶梯的关闭

(1)将钥匙插入"蜂鸣器和停止开关"转至"蜂鸣器"侧,使蜂鸣器鸣响数秒,确认无人站在扶梯上后,将钥匙转至"停止"侧,使扶梯停止运行。

(2)将钥匙插入"照明开关"转至"关"侧熄灭照明。

(3)如果在紧急情况下要停止扶梯,可以按下扶梯的"紧急停止开关"来使扶梯停止运行。

4. 自动扶梯的紧急制动

正常情况下必须使用钥匙开关自动扶梯,严禁非紧急情况使用紧急停止按钮停梯。自动扶梯的紧急制动可以通过现场操作按压电扶梯入口、出口任意一处紧急停止按钮,也可以通过车站综合控制室操作。要注意的是,必须使用紧急停止按钮时,应大声通知乘客"紧急停止,请抓稳扶手"后,再按下紧急停止按钮。如因多人拥挤等特殊原因无法按压紧急停止按钮时,可使用电扶梯右侧扶手带下的另一处紧急停止装置,使用时用脚向内方踢即可启动紧急停止装置使电扶梯停止运行,效果与按压紧急停止按钮相同。

5. 电梯复位操作

当自动扶梯非正常停止(包括设备保护或紧急停止等)时,需先进行复位后才能重新开启。此时,应用钥匙旋转至"蜂鸣器和停止开关"的停止位置上,再用钥匙开启自动扶梯,使自动扶梯重新开始运行。

二、操作自动扶梯时的注意事项

(1)应按照正常停止自动扶梯的方法,使扶梯完全停止下来,再参照启动扶梯的方法,按新的运行方向启动扶梯。

(2)严禁在扶梯运行中或扶梯没完全停下时,就将钥匙插入转至运行的另一方向。

(3)启动时应密切留意自动扶梯的运行情况,一旦发现有异常声音或震动时,应立即按下"紧急停止按钮",使自动扶梯停止运行,并通知专业人员检修。

三、自动扶梯的运行管理

(1)应急处理:指设备出现异常或客伤等事故时,由运行管理人员(车站值班员)根据突发事件应急方案进行处理,并按照规定通知维修人员。

(2)故障报告:观察设备的运行状态,若发现异常,应及时将故障情况报告给环控调度员,组织专业人员进行维修。

(3)设备监管:对设备的正确使用进行监管,防止乘客违规使用。

(4)运行操作:对设备的启动和停止进行操作。

技能点 3-1-2　自动扶梯常见故障处理

1. 自动扶梯在运行过程中突然停止运行,再用钥匙开关开启,扶梯不运行

(1)查找或分析跳闸原因,重新合上空气开关。

(2)查找原因,更换熔断丝。

(3)若是开关触点接触不良,更换触点或开关;若是开关触点断开,先排除机械故障,再合上触点。

2. 梯级跑偏运行中有噪声

(1)首先确认梯路导轨没有异物,并且是干净整洁的。梯路导轨上的一点点异物均可能使梯级产生噪声。

(2)调整扶梯上下端部大角钢的顶紧螺钉,同时调整左右梯级张紧弹簧,仔细观察梯级在检修运行中的变化情况。

(3)查看裙板下沿是否与梯级主轮接触,保证裙板下沿与梯级主轮有1~2mm的间隙就不会出现噪声。

(4)查看扶梯上下端,观察主导轨压轨和返回端导轨与主轮的间隙,间隙只要超过0.5mm就会产生噪声。

(5)检查梯级与梯级、梯级与裙板、梯级与梳齿板的间隙,并适当调整。

3. 梯级在运行过程中产生抖动

(1)检查主驱动链条是否过松或过紧。

(2)检查主驱动链条是否与驱动大小链轮咬合跑偏,导致产生咬边现象。

(3)检查是否有曳引机转速不稳或电压不稳的情况。

(4)检查梯级主轮与压轨间隙是否过小。

(5)检查梯级链条是否过松或过紧。

(6)检查梯级链条与链轮啮合是否正常。

(7)检查切向导轨是否松动。

4. 扶手带产生噪声

(1)检查扶手带是否过松。

(2)检查扶手带在扶手入口处是否与入口橡胶件摩擦。

(3)检查扶手支架拼接处是否整齐。

(4)检查扶手支架端部是否去毛刺。

(5)检查扶手驱动力是否足够。

(6)检查玻璃安装是否垂直。

(7)检查扶手龙头滚轮群是否有异物。

(8)检查扶手滚轮轴承是否损坏。

5. 扶手带发热

(1)若扶手带过紧,放松扶手带。

(2)检查扶手180°龙头处是否有异物,导致产生滑动摩擦。
(3)若扶手180°龙头小轴承有损坏,则更换轴承。
(4)检查扶梯下部小轮是否张紧过大。
(5)若扶手滚轮有损坏,则更换扶手滚轮。
(6)检查扶手带是否严重跑偏而与扶手支架产生摩擦。

任务3-2　垂直电梯的运行与维护

知识目标

1. 熟悉垂直电梯的操作方法;
2. 理解垂直电梯的构造和原理;
3. 熟悉垂直电梯的控制方式;
4. 了解垂直电梯的日常检查内容与维护措施。

技能目标

1. 能对垂直电梯进行基本操作;
2. 能识别垂直电梯的基本部件;
3. 能对垂直电梯的重要设备进行维护。

能力目标

1. 具备一定的团队协作精神;
2. 具备临时应变的能力;
3. 具有安全意识,有责任心,能吃苦耐劳。

知识点3-2-1　垂直电梯基础知识

一、垂直电梯的定义

在城市轨道交通车站内,根据无障碍设计要求,在车站站厅层至站台层之间宜设垂直电梯,以方便残疾人乘客及携带重行李乘客的通行。垂直电梯如图3-2-1所示,其中曳引式电梯是目前应用最普遍的一种。

二、垂直电梯的结构组成

1. 垂直电梯的整体结构

垂直电梯的整体结构如图3-2-2所示,主要包括轿厢、对重装置、导轨、牵引钢丝绳、曳引机等。

图 3-2-1　地铁车站垂直电梯实物图

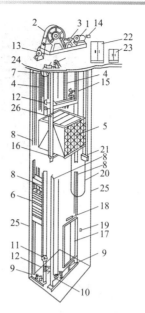

图 3-2-2　垂直电梯的整体结构示意图

1-主传动电动机;2-曳引机;3-制动器;4-牵引钢丝绳;5-轿厢;6-对重装置;7-导向轮;8-导轨;9-缓冲器;10-限速器(包括转紧绳轮、传动绳轮);11-极限开关(包括转紧绳轮、传动绳索);12-限位开关(包括向上限位、向下限位);13-楼层指示器;14-球形速度开关;15-平层感应器;16-安全钳及开关;17-厅门;18-厅外指层灯;19-召唤灯;20-供电电缆;21-接线盒及线管;22-控制屏;23-选层器;24-顶层地坪;25-电梯井道;26-限位器挡块

1)按照部分划分

(1)机械部分:包括曳引系统、轿厢和门系统、平衡系统、导向系统及机械安全保护装置等。

(2)电气控制部分:包括电力拖动系统、运行逻辑功能控制系统和电气安全保护等。

2)按照空间划分

垂直电梯有四大组成部分,分别是机房部分、井道部分、层站部分、轿厢部分,各部分中的主要构件装置见表 3-2-1。

垂直电梯四大部分主要构件装置　　　　表 3-2-1

空间部位	主要构件装置
机房部分	电源开关、曳引机、控制柜、选层器、导向轮、减速器、限速器、极限开关、制动抱闸装置、机座等
井道部分	导轨、导轨支架、对重装置、缓冲器、限速器、张紧装置、补偿链、随性电缆、底坑、井道照明等
层站部分	层门(厅门)、呼梯装置(召唤盒)、门锁装置、层站开关门装置、层楼显示装置等
轿厢部分	轿厢、轿厢门、安全钳装置、平层装置、安全窗、导靴、开门机、轿内操纵箱、指层、通信及报警装置等

3)按照功能分类

按照功能分类,垂直电梯包括八大系统,分别是曳引系统、导向系统、轿厢、门系统、重量平衡系统、电力拖动系统、电气控制系统、安全保护装置,各系统的主要功能和主要构件见

表 3-2-2。

垂直电梯各系统的主要功能及主要构件　　　　　　表 3-2-2

系　统	主　要　功　能	主　要　构　件
曳引系统	输出与传递动力,驱动电梯运行	曳引机、曳引钢丝绳、导向轮、返绳轮等部件
导向系统	限制轿厢和对重活动自由度,使轿厢和对重只能沿着导轨运动	对重导轨、导靴、导轨架
轿厢	用以运送乘客和货物	轿厢架、轿厢
门系统	乘客或货物的进出口,运行时层、轿厢门必须封闭,到站时才能打开	轿厢门、层门、门锁、开门机、关门防夹装置
重量平衡系统	平衡轿厢重量,补偿高层电梯中曳引绳重量的影响	对重、补偿链(绳)
电力拖动系统	提供动力,对电梯实行速度控制	供电系统、电动机、电机调速装置等
电气控制系统	对电梯的运行实行操纵和控制	操纵盘、呼梯盒、控制柜、层口指示、平层开关、行程开关
安全保护装置	保证电梯安全使用,防止一切危及人身安全的事故	限速器、安全钳、缓冲器端站保护、超速保护、断相错相保护、上下极限、层门锁

2. 电梯的主要部件

1) 轿厢

电梯轿厢是运送乘客、具有方便出入门装置的箱形结构部件。轿厢是电梯的主要工作部分。如图 3-2-3 所示,轿厢由轿底、轿壁、轿顶和轿门等组成。轿壁和轿顶需要承受一定的荷载,此外在检修时,为了保证轿顶上操作人员的安全,还必须在轿顶设置防护栏。另外,为防止电梯超载运行,还会在轿厢上设超载保护装置。超载保护装置有些装在轿底,有些装在轿顶。

2) 对重装置

对重装置一般分为无反绳轮式(曳引比为 1∶1 的电梯)和有反绳轮式(曳引比非 1∶1 的电梯)两类。无论是无反绳轮式还是有反绳轮式的对重装置,其结构是基本相同的。对重装置中各部件安装位置如图 3-2-4 所示。对重装置的主要作用包括三个方面:第一,减小电梯曳引机的输出功率;第二,减小曳引轮与钢丝绳之间的摩擦曳引力,延长钢丝绳寿命;第三,当电梯"冲顶"和"蹲底"时,使电梯失去曳引条件。

3) 导轨

电梯导轨是由钢轨和连接板构成的电梯构件,分为轿厢导轨和对重导轨。导轨的作用主要包括三个方面:第一,导轨是轿厢和对重在竖直方向运动时的导向,限制轿厢和对重的活动自由度;第二,当安全钳动作时,导轨作为固定在井道内被夹持的支承件,承受着轿厢或对重产生的强烈制动力,使轿厢或对重制停可靠;第三,防止由于轿厢的偏载而产生歪斜,保证轿厢运行平稳并减少震动。

4) 曳引机

曳引机的主要部件包括电动机、制动器、减速箱(无齿轮曳引机无减速箱)、曳引轮、曳引钢丝绳及绳头、曳引机底盘。曳引机通常分为有齿轮曳引机(图3-2-5)和无齿轮曳引机(图3-2-6)。

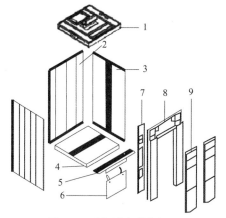

图3-2-3　轿厢体部件分解图
1-轿顶;2-轿厢后壁板;3-轿厢侧壁板;4-轿底;5-踏板;6-轿厢护脚板;7-操纵箱;8-轿厢前壁板;9-轿门

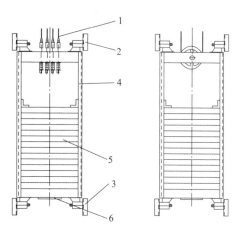

图3-2-4　对重装置示意图
1-曳引绳;2、3-导靴;4-对重架;5-对重块;6-缓冲器碰块

图3-2-5　有齿轮曳引机

图3-2-6　无齿轮曳引机

三、曳引式垂直电梯的曳引原理

曳引式垂直电梯的曳引传动关系如图3-2-7所示。安装在机房的电动机通过减速器、制动器等组成的曳引机,使曳引钢丝绳通过曳引轮,一端连接轿厢,另一端连接对重装置,轿厢与对重装置的重力使曳引钢丝绳压紧在曳引轮绳槽内产生摩擦力(S_1、S_2),这样电动机一转动就带动曳引轮转动,驱动钢丝绳,拖动轿厢和对重做相对运动。于是,轿厢就在井道中沿导轨上、下往复运动,电梯就能执行垂直升降任务,如图3-2-8所示。

四、垂直电梯的控制方式

1. 正常情况下

正常情况下,电梯对外操作模式是完全开放的,由使用者进行操作。

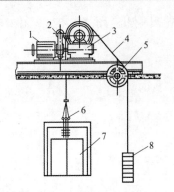 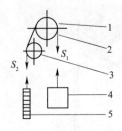

图 3-2-7　曳引式垂直电梯的曳引传动关系
1-电动机；2-制动器；3-减速器；4-曳引绳；5-导向轮；6-绳头组合；7-轿厢；8-对重装置

图 3-2-8　曳引式垂直电梯曳引原理
1-曳引轮；2-曳引钢丝绳；3-导向轮；4-轿厢；5-对重装置

2. 紧急情况下

紧急情况下，电梯接受 FAS(Fire Alarm System，火灾报警系统)的信号，电梯自动运行到基站(一般设在站厅)，开门后停止运行，此时电梯所有按钮功能失效，同时将信号反馈给 FAS。只有在 FAS 将紧急情况解除信号发送给电梯后，电梯才能重新投入使用。

知识点 3-2-2　垂直电梯的日常检查与维护

一、垂直电梯的管理措施

1. 垂直电梯日常工作的管理措施

(1)巡视时，要检查电梯轿门和每层厅门、地槛处有无异物。

(2)每天上班时用清洁软质棉布轻拭光幕。

2. 垂直电梯发生故障时的管理措施

(1)发现电梯在开关门或上、下运行中有异常声音、气味时，要立即停止使用或就近停靠后停用，并通知维修人员。

(2)如果发现电梯不能正常运行，要立即停用。

(3)在每次停止使用前，都要检查轿厢中是否有乘客。

3. 垂直电梯在维护情况下的管理措施

(1)在电梯厅门口设置告示牌。

(2)在电梯厅门口设置工作人员。

二、垂直电梯的日常检查

垂直电梯的一般维护可按每日、周、季、年周期进行。每日、每周的日常检查具体包括以下内容。

1. 垂直电梯每日检查内容

(1)工作前试机检查，在机房内检查设备是否工作正常。

(2)听有无异常声音。

(3)闻有无异常气味。

(4)检查操纵箱的按钮、开关门工作、层楼及方向指示是否正常。

(5)做好轿厢、厅门、轿门及地槛卫生。

2. 垂直电梯每周检查内容

(1)对主要的安全装置、主机油位及电梯运转的正确性进行检查,并修正。

(2)对各部位润滑情况进行检查并补油。

(3)清扫各活动机件。

(4)检查制动器间隙是否正常。

(5)检查电梯的平层装置,并进行适当的调整。

(6)检查曳引机、限速装置、极速开关等钢丝绳的工作和连接情况。

三、重要部位的维护内容及方法

1. 轿厢和重量平衡系统的维护内容及方法

轿厢和重量平衡系统的维护内容及方法见表3-2-3。

轿厢和重量平衡系统维护内容及方法　　表3-2-3

序号	部位	维护内容	维护周期
1	导向轮、轿顶轮和对重轮的轴与轴套之间	补充注油	每半个月
2		拆卸换油	每年
3	对重装置	检查运行时有无噪声	每半个月
4	对重块及其压板	检查对重块及其压板是否压紧,有无窜动	每半年
5	对重与缓冲器	检查对重与缓冲器的距离	每半年
6	补偿链(绳)与轿厢、对重接合处	检查是否固定,有无松动	每半年
7	轿顶、轿厢架、轿门及其附件安装螺栓	检查是否紧固	每年
8	轿厢与对重的导轨和导轨支架	检查是否清洁、是否牢固、无松动	每年
9	轿厢称重装置	检查是否准确、有效	每年

2. 曳引电动机的维护内容及方法

曳引电动机的维护内容及方法见表3-2-4。

曳引电动机维护内容及方法　　表3-2-4

序号	部位	维护内容	维护周期
1	电动机滚动轴承	补充注油	每半个月
2	电动机滑动轴承	清洗换油	每年
3	电动机滑动轴承	补充注油	每半个月
4	电动机运行噪声	应无异常噪声	每半个月
5	电动机电源	测量电动机电源引入线电压应为额定电压的±7%	每半个月
6	电动机绝缘电阻	测量电动机每绕组之间和每组绕组对地的绝缘电阻,电阻值应大于0.5MΩ	每半个月

技能点 3-2-1　垂直电梯的运行操作

一、垂直电梯的常规操作

1. 轿厢内的操作按钮

轿厢内的按钮一般分报警按钮、楼层选择按钮、开门按钮和关门按钮等几种,如图 3-2-9 所示。其中报警按钮是在发生紧急情况使用的按钮,轻按该按钮,即可向值班室报警,正常情况下不可按动。

图 3-2-9　轿厢内按钮图示

2. 垂直电梯的开启

插入钥匙并将钥匙转到"0"位置(图 3-2-10),然后将钥匙拔出来,再按一般电梯的操作使用。

3. 垂直电梯的关闭

插入钥匙并将钥匙转到"1"位置(图 3-2-11),出现"暂停"字样后,电梯重新开关门一次,当电梯再次关好门后电梯关闭。最后拔出钥匙,操作完毕。

图 3-2-10　垂直电梯的开启图示　　图 3-2-11　垂直电梯的关闭图示

二、操作垂直电梯时的注意事项

(1)电梯管理人员、维护人员、使用操作人员必须取得《电梯特种作业证》。车站内发生火灾或遭遇地震时,禁止乘客使用垂直电梯。

(2)开启电梯前,必须确认该梯状况良好、各机件没有异常后,方可以正常使用。

(3)电梯开启前,必须锁好控制箱,拔出钥匙,至少做上下运动观察一次。

(4)电梯运行期间,要不定时巡查各梯运行状态,发现异常应立即停机,呼叫专业维修人员处理,并在巡查记录本上如实记录、存档。

(5)关闭电梯时,要确认电梯轿厢停靠在基站并确认轿厢内没有乘客时才可以关闭,要检查一遍整机外观及轿门,以及电梯有无异味等,清洁轿厢并锁好控制箱后拔出钥匙,关闭轿门。

技能点 3-2-2　垂直电梯的维护与故障应急处理

一、垂直电梯的维护

垂直电梯的维护是一种专业技术要求高、工业复杂且带有一定危险性的工作。做好垂直电梯的维护有助于提高电梯的完好率、使用率。

1. 轿厢和重量平衡系统的维护

1）对轿厢和重量平衡系统进行维护前的准备工作

(1) 检查是否已做好电梯维护的警示及相关安全措施。

(2) 向相关人员（如管理人员、乘客）说明情况。

(3) 按规范做好维护人员的安全保护措施。

(4) 准备相应的维护工具。

2）对轿厢和重量平衡系统进行维护

(1) 维护人员整理清点维护工具与器材。

(2) 放好"有人维修，禁止操作"的警示牌。

(3) 将轿厢运行到基站。

(4) 到机房将选择开关打到检修状态，并挂上警示牌。

(5) 按表 3-2-3 所列项目进行维护。

(6) 完成维护后，将检修开关复位，并取走警示牌。

3）填写轿厢和重量平衡系统维护记录单

完成轿厢和重量平衡系统维护后，填写轿厢和重量平衡系统维护记录单，见表 3-2-5。

2. 曳引电动机的维护

1）对曳引电动机进行维护前的准备工作

(1) 检查是否已做好电梯维护的警示及相关安全措施。

(2) 向相关人员（如管理人员、乘客）说明情况。

(3) 按规范做好维护人员的安全保护措施。

(4) 准备相应的维护工具。

轿厢和重量平衡系统维护记录单　　　　　　　表 3-2-5

序　号	维护内容	维护要求	完成情况	备　注
1	维护前准备工作	准备好工具		
2	导向轮、轿顶轮和对重轮的注油	—		
3	检查对重装置	运行时应无噪声		
4	检查对重块及其压板	应压紧，无窜动		
5	检查对重与缓冲器的距离	应符合标准要求		
6	检查补偿链（绳）与轿厢、对重接合处	应固定，无松动		
7	轿顶、轿厢架、轿厢门及其附件安装螺栓	检查是否紧固		

续上表

序　号	维护内容	维护要求	完成情况	备　注
8	检查轿厢与对重的导轨和导轨支架	应清洁,牢固,无松动		
9	检查轿厢称重装置	应准确、有效		
维护人员：			日期：	年　月　日
使用单位意见：				
使用单位安全管理人员：			日期：	年　月　日

2）对曳引电动机进行维护

（1）维护人员整理清点维保工具与器材。

（2）放好"有人维修,禁止操作"的警示牌。

（3）将轿厢运行到基站。

（4）到机房将选择开关打到检修状态,并挂上警示牌。

（5）按表3-2-4所列项目进行维护。

（6）完成维护后,将检修开关复位,并取走警示牌。

3）填写曳引电动机维护记录单

完成曳引电动机维护后,填写轿曳引电动机维护记录单,见表3-2-6。

曳引电动机维护记录单　　　　　　　　　　　表3-2-6

序　号	维护内容	维护要求	完成情况	备　注
1	维护前工作	准备好工具		
2	电动机轴承换油	—		
3	电动机运行噪声	应无异常噪声		
4	电动机电器电压	应为额定电压的±7%		
5	电动机绝缘电阻	应大于0.5MΩ		
维护人员：			日期：	年　月　日
使用单位意见：				
使用单位安全管理人员：			日期：	年　月　日

二、垂直电梯故障应急处理

1. 突然停电时电梯的处理方法

（1）迅速检查电梯内是否有人。

（2）如果有人被困,迅速启动"电梯困人应急救援程序"。

（3）在完成检查或救人后,要在电梯厅门口设置警示牌。

（4）在电梯厅门口设置工作人员。

2.电梯突然停止运行时的处理方法

(1)通知电梯维修人员。
(2)迅速检查电梯中是否有人被困。
(3)如果有人被困,迅速启动"电梯困人应急救援程序"。
(4)在完成检查或救人后,要在电梯厅门口设置工作人员。

任务 3-3　无障碍设施的运行与维护

知识目标

1.熟悉楼梯升降机的主要设备;
2.了解楼梯升降机的日常检查内容;
3.理解楼梯升降机的控制方式。

技能目标

1.能对楼梯升降机进行基本操作;
2.能处理楼梯升降机的常见故障。

能力目标

1.具备团队协作精神及与人沟通的能力;
2.具有安全意识。

知识点 3-3-1　无障碍设施基础知识

一、无障碍设施概述

城市轨道交通车站在设计和运营的过程中,车站内各类设施的能力都应该满足乘客行走的需求,尽量避免人群拥挤,提高舒适度及安全性。如图 3-3-1 所示,城市轨道交通楼梯升降机安装在车站出入口或站台至站厅的通道处,属于车站无障碍设备设施一部分,可为残疾人提供进出站服务。

二、楼梯升降机的分类

楼梯升降机根据服务功能不同,可分为轮椅平台式和座椅式两种。

1.轮椅平台式楼梯升降机

轮椅平台式楼梯升降机主要为使用轮椅者提供上下楼梯的服务。为了防止平台倾倒,设有两

图 3-3-1　楼梯升降机实物图

根导轨,驱动装置分内部驱动和外部驱动两种,内部驱动的驱动装置安装在轮椅平台内,外部驱动的驱动装置安装在楼梯的上部。轮椅平台主要由工作平台、支撑护栏组成,主体是钢结构。支撑架用来支承工作平台的质量。安全护栏安装在支承架上,由人工或自动收放,只有放下护栏,楼梯升降机才能开启运行。

2. 座椅式楼梯升降机

座椅式楼梯升降机主要为使用轮椅者提供上下楼梯的服务,一般由座椅、托架和导轨组成,座椅设有座位、扶手、靠背和搁脚板。为了方便乘坐,座椅一般设计成能转动的。在不使用时,座椅和搁脚板能折叠起来,以减少对空间的占用。托架除用以支撑座椅外,驱动装置也安装在其内,通过传动装置,使座椅沿导轨面运动。座椅式楼梯升降机的导轨一般直接安装在楼梯面上,座椅直接支撑在导轨面上,结构和安装都比较简单。

三、轮椅平台式楼梯升降机的主要设备

轮椅平台式楼梯升降机的主要设备包括轮椅平台、驱动机及牵引系统、导轨、轮椅平台控制柜、充电装置、低电源蜂鸣器和安全装置等。

1. 轮椅平台

轮椅平台的主体是钢结构,由钥匙开关、紧急停止开关、盖板、护栏、侧板、接触底板等构成。平台的放下和折叠是自动的。但当自动装置失效时,可以手动方式收放平台。

2. 驱动机及牵引系统

驱动机安装在轮椅平台内,采用蓄电池供电。驱动机上有制动器、安全钳和限速器。牵引系统能适应多次折返楼梯,采用滚动摩擦轮的方式,动力传递平稳可靠。

3. 导轨

导轨固定在楼梯侧面。

4. 轮椅平台控制柜

楼梯升降机采用微机控制,控制柜设置在轮椅平台正面,具有开关、紧急停止等功能。

5. 充电装置

每台楼梯升降机在上下部的对讲机立柱上安装有召唤盒,盒子上有召唤按钮、平台折叠按钮、钥匙开关。

6. 低电源蜂鸣器

低电源蜂鸣器的声音信号用作电池需要充电时的提醒。

7. 安全装置

安全装置主要包括安全钳与限速器、运行安全联锁、紧急停止按钮、紧急手动提升装置、平台安全挡板等。

四、楼梯升降机的控制方式

(1)自助式操作。自助式操作指由使用者自行操作,使用楼梯升降机。采用这种操作方式的楼梯升降机,在楼梯的上下端都设置由有专用操作箱,使用者只需按下操作箱上的"使用开关",便可实现平台的自动收发、护栏的自动收放、平台的召唤和返回。自助式操作着重于使用方便。

(2)他助式操作。他助式操作指由他人协助操作使用楼梯升降机。在楼梯的上下端也都设置有专用操作箱。操作箱上设有对讲机,需要使用升降机时,先要通过对讲机与现场管理人员取得联系,由管理人员到现场打开升降平台,协助使用者在平台上就位,然后用外接式运行控制器控制平台运行。使用这种控制方式的楼梯升降机,在升降平台上设有钥匙开关,由管理人员持有钥匙,现场开停升降机。他助式操作安全性好,易于设备管理。

知识点 3-3-2　楼梯升降机的日常检查

一、楼梯升降机的日常管理

楼梯升降机的日常管理是对楼梯升降机的日常使用进行约束,要求设备管理部门严格按照规范正确使用楼梯升降机。

(1)楼梯升降机属于残疾人专用设备,禁止使用楼梯升降机载货。
(2)发生火灾时,禁止使用楼梯升降机。
(3)楼梯升降机禁止超载,且一次只允许运载一位乘客。
(4)楼梯升降机导轨、平台边等有障碍物时,切勿使用。
(5)乘客坐好后方能启动。
(6)楼梯升降机在运行过程中,要注意导轨周围的情况。
(7)切勿让乘客身体或轮椅突出平台。
(8)升降机运行时,在平台上避免不必要的移动。
(9)升降机运行时,切勿将手放置在护栏上或者平台外。
(10)环境照明不良时,切勿使用升降机。
(11)无论在站内还是站外(出入口),升降机都严禁浸泡。
(12)清洁时,只能用湿布擦干净,不能用水喷。

二、楼梯升降机的日常巡查

楼梯升降机的日常巡查是维修人员在城市轨道交通运营期间对楼梯升降机进行巡视,及时发现楼梯升降机存在的隐患,防止故障出现,其巡查内容见表3-3-1。

楼梯升降机的日常巡查内容　　　　表3-3-1

巡查项目	巡查内容
整体外观情况	导轨间接口应平滑,导轨、立柱表面无损伤、划痕,不缺固定螺丝
操作开关、按钮情况	开关灵活,按钮完好
对讲机功能	通话质量应良好,无杂声
充电情况	平台停靠时应能充电
安全开关动作情况	能可靠制动

三、楼梯升降机的计划性检修

楼梯升降机的计划性检修是一种预防性维修,其目的是减少故障的发生,使设备能可靠运行。计划性检修内容见表3-3-2。

楼梯升降机的计划性检修内容　　　　　表 3-3-2

序　号	检 修 内 容	周　　期
1	限速器、紧固销	每个月
2	各传动链张力	
3	制动器	
4	充电器	
5	信号接收器	
6	充电铜电刷	
7	上下滚轮松紧度	
8	主、控回路线路紧固状况	
9	各安全开关	
10	电池	每3个月
11	立柱、导轨	
12	线槽及电源盒	
13	对电池充放电	
14	对链条及旋转部件润滑	
15	测量控制柜内的绝缘电阻	每年
16	检查并调整工作平台	
17	对脱漆及磨损部件进行补漆	

技能点 3-3-1　楼梯升降机的运行操作

一、楼梯升降机的正常操作

楼梯升降机的正常操作如下:

(1)接到乘客要求开梯后,利用外召唤盒,在上端和下端均可召唤升降机。操作方法是将外召唤盒上的钥匙旋转到"1"位置,压下并按住上或下按钮。大约2s后,升降机将启动,工作人员控制升降机来到乘客乘坐地点。

(2)将轮椅锁定放置在底板上后,将控制钥匙从控制盒上取下并插入平台钥匙开关,旋至"1"位。

(3)运行前提示乘客,不要让衣物及手脚靠近导轨,不要将衣物放在护栏上或平台外。

(4)取下黑色运行控制手柄,确认前方无障碍物时即可持续按下方向键开动平台。楼梯升降机设有蜂鸣器和红色灯光信号,工作时蜂鸣器会响,红色信号灯会亮,以引起步行楼梯上的人员注意。

(5)既可由乘客在轮椅平台上自行操作控制器,又可由车站工作人员在升降机外使用控制器操作。为了能及时发现障碍物并迅速停止升降机运行,工作人员可走在前面操作控制器,按住控制器有方向标志的两个按钮中的一个就可以操控升降机运行。

(6)到达端站时持续按住控制手柄的方向键,直到前方的护栏垂直升起。

(7)下客后需用手动控制器或控制屏上的控制盒将底板及护栏完全收起。

(8)手动控制手柄用完后连同钥匙一并取走,用时再装上。

二、楼梯升降机的特殊操作

(1)当有障碍物碰撞左右侧护板时,会触动安全开关使平台紧急停止,在清除障碍物后,需向反方向开行一小段使保护程序复位,再向需开行方向运行。

(2)当轮椅升降台运行中突遇故障时,乘客可按下黄色召援按钮,此时会响起警报声请求站务人员帮助。

(3)检修时为保证安全,可按下紧急停止开关,轻旋按钮可使之复位。

技能点 3-3-2 楼梯升降机的故障处理

楼梯升降机的故障一般为升降机不能启动、升降机平台展开不能启动、自动平台不能折叠和展开等。其可能的故障原因及处理方法见表 3-3-3。

楼梯升降机可能的故障原因及处理方法　　　　　表 3-3-3

故障项目	可能的故障原因	处理方法
升降机不能启动	检查钥匙开关是否在"1"位置,其他钥匙开关在"0"位置或拔出	正确操作钥匙
	紧急停止开关是否动作	旋转或恢复急停开关
	升降机主开关是否位于"1"位置	打开主电源开关
	电源供给是否正常	合上熔断保险和保护开关
升降机平台展开不能启动	护栏是否在水平位置	轻微向上或者向下复位护栏
	侧板及活动侧板是否转动灵活	轻微转动侧板及活动侧板
自动平台不能折叠和展开	检查是否除了操纵者操作的位置外,其他钥匙均在"0"位置	正确操作钥匙
	检查遥控方式操作时,遥控器内电池的电量是否足够	更换遥控器内的电池

项目4 车站消防系统的运行与维护

任务4-1 车站消防系统概述

1. 掌握FAS的设备组成；
2. 理解FAS的工作原理；
3. 了解FAS的功能。

1. 具备良好的职业道德和职业素养；
2. 具有较强的集体意识和团队合作精神；
3. 具有质量意识和安全意识。

知识点4-1-1 FAS的组成与功能

一、FAS概述

1. FAS的定义

火灾自动报警系统(Fire Alarm System,简称FAS)，是城市轨道交通系统中的一种自动消防设施,设置在车站与区间,具有早期探测火灾发生并发出火灾警报,启动有关防火、灭火装置的功能。

2. FAS的构成

FAS遵循"分散控制与集中管理"的基本原则,将系统设计为"一体化网络→二级管理(控制中心与车站)→三级控制(中心级、车站级、就地级)"模式。其中,中心级是全线系统的信息管理中心,具备集中监控和管理全线防灾系统的功能;车站级在车站管辖范围内独立执行消防监控管理。当控制中心故障时,由车站级控制;当车站级故障时,由就地级控制。各级控制优先权遵循人工大于自动的原则。

(1)中央级。FAS中央级控制是整个系统管理的中心,中央级设备由两个图形命令中心和一个主时钟接口设备组成。通过文字和图形的方式实现对全线FAS和联动设备的实时处理和监视。

(2)车站级。FAS车站级控制是全线FAS管理的单元节点,主要负责一定范围内的消防联动和火灾探测。车站级设备主要由车站级监控网络、火灾报警控制器、消防广播系统和电话系统等组成。

(3)就地级。FAS就地级控制主要负责探测火情,联动相应的设备,转换到火灾模式。各车站设备用房、站厅、站台等区域设置覆盖范围广的就地级设备。

二、FAS的设备组成

FAS设备由触发装置、火灾报警装置、消防联动控制系统以及具有其他辅助功能的装置组成。

1. 触发装置

在FAS中,能自动或手动产生火灾报警信号的器件称为触发件,主要由火灾探测设备(感烟探测器、感温探测器)和手动报警设备组成。

(1)火灾探测设备。火灾探测设备是能自动探测火灾参数,并自动产生火灾报警信号的器件。按响应火灾参数的不同,火灾探测器分为感温火灾探测器、感烟火灾探测器、感光火灾探测器、可燃气体探测器和复合火灾探测器五种基本类型。不同类型的火灾探测器适用于不同类型的火灾和不同的场所,它们分布在站厅、站台、一般设备用房、管理用房等处,起火灾监视的作用。火灾探测设备如图4-1-1所示。

a) 智能感烟探测器　　b) 智能感温探测器　　c) 红外火焰探测器　　d) 红外对射式感烟探测器

图4-1-1　火灾探测设备

(2)手动报警设备。手动报警设备是手动方式启动火灾自动报警系统并产生火灾报警信号的器件,主要包括手动报警按钮、消火栓报警开关和消防电话等,如图4-1-2所示。手动报警设备设置在站厅层、站台层、出入口通道和设备区等区域。报警区域内每个防火分区,至少设有一个手动火灾报警按钮。从一个防火分区内的任何位置到相邻的一个手动报警按钮的步行距离不大于30m。在上述区域内若设有消火栓箱,则手动火灾报警按钮安装在靠近消火栓箱处和便于操作的墙上。

a) 手动报警按钮　　b) 消火栓报警开关　　c) 消防电话插孔　　d) 插孔电话

图4-1-2　手动报警设备

2. 火灾报警装置

火灾报警装置是一种接收、显示和传递火灾报警信号,并能发出控制信号和具有其他辅助功能的控制指示设备。火灾报警控制器就是最基本的一种火灾报警装置。火灾报警控制器是FAS的指挥中心,担负接收、转换、处理火灾探测器输出的报警信号,指示报警的具体部位及时间,发出声光报警的任务,同时能够为火灾探测器提供稳定的工作电源,监视探测器及系统自身的工作状态。火灾报警控制器设在车站控制室内,一般设有"手动""联动"两个挡位。火灾报警控制器如图4-1-3所示。

在火灾报警装置中,还有一些如中断器、区域显示器、火灾显示盘等功能不完整的报警装置,它们可视为火灾报警控制器的演变或补充,在特定条件下应用。

3. 消防联动控制系统

消防联动控制系统是火灾自动报警系统中的一个重要组成部分,通常包括消防联动控制器、消防控制室图形显示装置、消防联动模块、消防电气控制装置(防火卷帘控制器、气体灭火控制器等)、消防设备应急电源、消防电动装置、传输设备、消火栓按钮、消防应急广播设备、消防电话等设备和组件。消防联动控制系统的构成如图4-1-4所示。

图4-1-3　火灾报警控制器

(1)消防联动控制器。消防联动控制器是消防联动控制设备的核心组件。它通过接收火灾报警控制器发出的火灾报警信息,按预设逻辑对自动消防设备实现联动控制和状态监视。消防联动控制器可直接发出控制信号,通过驱动装置控制现场的受控设备。对于控制逻辑复杂、在消防联动控制器上不便实现直接控制的情况,可通过消防电气控制装置(如防火卷帘控制器、气体灭火控制器等)间接控制受控设备。不同样式的消防联动控制器如图4-1-5所示。

(2)消防控制室图形显示装置。消防控制室图形显示装置(图4-1-6)是消防联动控制设备的一个重要组件。该装置安装在消防控制中心,用于接收并显示火灾报警控制器和消防联动控制器的相关信息,包括火灾自动报警系统保护区内的建筑平面图、消防设备的设置及工作状态等。

(3)消防联动模块。消防联动模块是用于消防联动控制器与其所连接的受控设备之间进行信号传输、转换的一种器件,包括消防联动中继模块、消防联动输入模块、消防联动输出模块和消防联动输入/输出模块,它是消防联动控制设备完成对受控消防设备联动控制功能所需的一种辅助器件。

(4)消防电气控制装置。消防电气控制装置用于对建筑消防给水设备、自动灭火设备、室内消火栓设备、防排烟设备、防火门窗、防火卷帘等各类自动消防设施的控制,具有控制受控设备执行预定动作、接收受控设备的反馈信号、监视受控设备状态、与上级监控设备进行信息通信、向使用人员发出声光提示信息等功能。

(5)消防设备应急电源。FAS属于消防用电设备,其主电源应当采用消防电源。消防设备应急电源是以蓄电池为能源的应急电源,包括交流输出的消防设备应急电源和直流输出的消防设备应急电源,其主要功能是在主电源发生故障时,为各类消防设备供电。

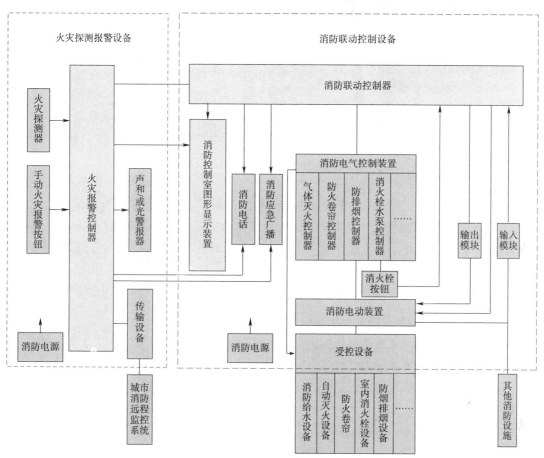

图 4-1-4　消防联动控制系统构成示意图

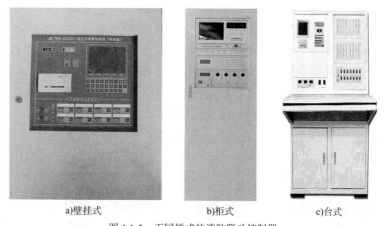

a) 壁挂式　　　b) 柜式　　　c) 台式

图 4-1-5　不同样式的消防联动控制器

(6)消防电动装置。消防电动装置是自动灭火设备、防排烟设备、防火门窗和防火卷帘

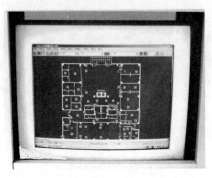

图 4-1-6　消防控制室图形显示装置

等自动消防设施的电气驱动装置,是消防联动控制设备完成对受控消防设备联动控制的一种重要辅助装置。

(7)消防应急广播设备。消防应急广播设备是火灾情况下用于通告火灾报警信息、发出人员疏散语音指示及灾害事项信息的广播设备。

(8)消防电话。消防电话是 FAS 中专用于各保护区域的重要部位与消防控制室之间传递火灾等突发事件有关语音信息的专用电话设备。

三、FAS 的功能

FAS 能在火灾初期,通过火灾探测器将燃烧产生的烟雾、热量、光辐射等物理量变成电信号,传输到火灾报警控制器中,由控制器记录火灾发生的部位、时间,以声或光的形式通知整个区域疏散,并启动相关消防联动设备,使人们能够及时发现灾情,扑灭初期火焰,最大限度地减少生命和财产的损失。

1. 中央级功能

(1)接收、显示并储存全线主要火灾报警设备的运行状态。

(2)接收由车站级设备传送的各探测点的火灾报警信号,显示报警部位并自动记录。

(3)通过自动和人工手动方式确认火灾报警。

(4)根据火灾发生的实际情况,自动选择预定的解决方案,向各消防控制室发出消防救灾指令和安全疏散命令。

(5)图形控制中心 PC 机通过无线发射台及时向市消防局 119 无线报警台进行火灾报警,向消防部门通报灾情。

(6)接收主时钟的信息,使 FAS 时钟与主时钟同步。

2. 车站级功能

(1)监控车站及所辖区间消防设备的运行状态。

(2)接收车站及所辖区间火灾报警或重要系统、设备的报警,并显示报警部位。

(3)向消防指挥中心报告灾情,接收消防指挥中心发出的消防救灾指令和安全疏散命令。

(4)通过车站级的消防联动控制接口向设备监控系统(Equipment Monitoring Control System,简称 EMCS)发出救灾模式指令,由 EMCS 启动消防联动设备。

(5)通过消防广播系统和闭路电视监视系统对乘客进行安全疏散引导。

3. 就地级功能

(1)监视车站管辖范围内灾情,采集火灾信息。

(2)接收消防泵的低频巡检信号、运行状态、设备故障、管压力信号。

(3)监视消防电源的运行状态。

(4)监视车站所有消防救灾设备的工作状态。

知识点 4-1-2　FAS 工作原理

火灾报警控制器和消防联动控制器是火灾自动报警系统的核心组件,是火灾报警与警报的监控管理枢纽和人机交互平台。

一、火灾探测报警系统的工作原理

1. 第一阶段:火灾发生时

(1)火灾探测器报警:安装在保护区域现场的火灾探测器,将火灾产生的烟雾、热量和光辐射等火灾特征参数转变为电信号,经数据处理后,将火灾特征参数信息传输至火灾报警控制器,或直接由火灾探测器作出火灾报警判断,将报警信息传输至火灾报警控制器。

(2)手动报警按钮报警:现场人员发现火情后,可立即触动安装在现场的手动火灾报警按钮,手动报警按钮便将报警信息传输至火灾报警控制器。

2. 第二阶段:确认报警信息

火灾报警控制器在接收到探测器的报警信息或手动火灾报警按钮的报警信息后,经报警确认判断,显示报警探测器或手动报警按钮的部位,记录探测器或手动报警按钮报警的时间。

3. 第三阶段:启动火灾报警装置

火灾报警控制器在确认火灾探测器和手动火灾报警按钮的报警信息后,驱动安装在被保护区域现场的火灾警报装置,发出声光警报,向处于被保护区域内的人员警示火灾的发生。

火灾探测报警系统的工作原理如图 4-1-7 所示。

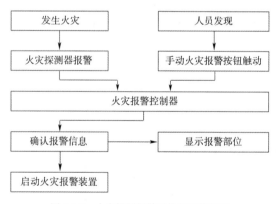

图 4-1-7　火灾探测报警系统的工作原理

二、消防联动控制系统的工作原理

火灾发生时,火灾探测器和手动报警按钮的报警信号等联动触发信号传输至消防联动控制器,消防联动控制器按照预设的逻辑关系对接收到的触发信号进行识别和判断,在满足逻辑关系条件时,消防联动控制器按照预设的控制时序启动相应自动消防设施,实现预设的消防功能；消防控制室的消防管理人员也可以通过操作消防联动控制器的手动控制盘直接启动相应的消防设施，从而实现相应消防设施预设的消防功能。消防联动控制器接收并显示消防设施动作的反馈信息。

消防联动控制系统的工作原理如图 4-1-8 所示。

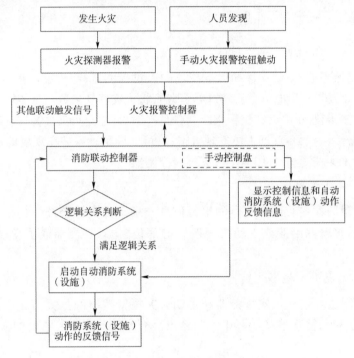

图 4-1-8　消防联动控制系统的工作原理

任务 4-2　气体灭火系统的运行与维护

1. 掌握气体灭火系统的设备构成；
2. 理解气体灭火系统的工作原理；
3. 了解气体灭火系统的控制方式。

1. 会使用气体灭火系统；
2. 能对气体灭火系统进行日常维护及检修；
3. 能处理气体灭火系统的简单故障。

1. 具备良好的职业素养；

2. 具备团队协作精神及与人沟通的能力；
3. 具有较强的实践能力和安全生产意识。

知识点 4-2-1　气体灭火系统的分类与构成

一、气体灭火系统的分类

1. 气体灭火系统的定义

气体灭火系统是以一种或多种气体作为灭火介质，通过这些气体在整个防护区域内或保护对象周围空间建立起一定灭火浓度从而实现灭火的消防设施。近年来，为保护大气臭氧层，维护人类生态环境，国际上已开发出多种化学合成类及惰性气体类气体灭火剂，实现了灭火效率高、灭火速度快、保护对象无污染等需求。

2. 气体灭火系统的分类

一般而言，气体灭火系统根据灭火介质命名，目前比较常用的气体灭火系统有二氧化碳灭火系统、IG-541 混合气体灭火系统、七氟丙烷灭火系统等。

（1）二氧化碳灭火系统。二氧化碳灭火剂灭火能力极强，价格便宜，不损坏设备，不污染火场环境，使用后能很快消散，不留痕迹。但由于高浓度的二氧化碳容易造成人体窒息，因此该种灭火系统更适用于无人场所。对于人流量大的场所，使用时应采取适当的防护措施以保障人员的安全。

（2）IG-541 灭火系统。IG-541 灭火系统由 52% 的氮气、40% 的氩气和 8% 的二氧化碳混合组成，具有电绝缘性好，不污染不损坏设备，对人体、动植物、环境无不良影响等优点。

（3）七氟丙烷灭火系统。七氟丙烷（HFC-227ea、FM-200）灭火剂是目前为止研究开发相对成功的一种洁净气体灭火剂，具有清洁无污染、低毒性、电绝缘性好、不损坏设备、灭火效率高的特点，使用后在大气中残留时间较短，不破坏臭氧层，环保性能优势明显。

二、气体灭火系统的构成

气体灭火系统主要用在不适于设置喷水灭火系统等其他灭火系统的环境中，比如综合监控室、设备用房、信号设备室、通信电源室等，对上述设备用房进行火灾探测和保护。气体灭火系统包括报警控制系统和管网系统两部分。

1. 报警控制系统

报警控制系统由系统控制主机，灭火控制盘，探测器（感烟、感温），警铃，声光报警器，放气误入灯，手动控制装置，手/自动状态指示灯等部分组成。

报警控制系统示意图如图 4-2-1 所示。

2. 管网系统

管网系统是指将灭火剂从储存装置经由干管、支管输送至喷放组件实施喷放的灭火系统，一般由灭火剂储存瓶、启动钢瓶及其相应组件、机械启动装置、自动启动装置、高压软管、集流管、先导阀、单向阀、减压装置、选择阀、压力开关及管道和喷头等部分组成，如图 4-2-2 所示。

气体灭火单区控制盘

放气误入灯

手动控制装置

警铃、声光报警器

手/自动状态指示灯

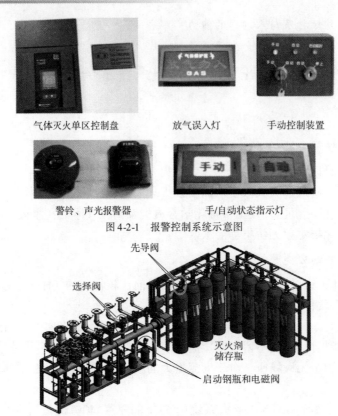

图 4-2-1　报警控制系统示意图

图 4-2-2　管网系统示意图

管网系统又可分为组合分配系统和单元独立系统。

(1)组合分配系统。组合分配系统是指用一套灭火系统储存装置同时保护两个或两个以上防护区或保护对象的气体灭火系统。组合分配系统的灭火剂设计用量是按最大的一个防护区或保护对象来确定的,如组合中某个防护区需要灭火,则通过选择阀、容器阀等控制,定向释放灭火剂。这种灭火系统的优点使可以大幅减少储存容器数和灭火剂用量,有较高的应用价值。

(2)单元独立系统。单元独立系统是指用一套灭火剂储存装置保护一个防护区的灭火系统。一般说来,用单元独立系统保护的防护区在位置上是单独的,离其他防护区较远且不便于组合,或是两个防护区相邻,但有同时失火的可能。对于一个防护区包括两个以上封闭空间也可以用一个单元独立系统来保护,但设计时必须做到系统储存的灭火剂能够满足这几个封闭空间同时灭火的需要,并能同时供给它们各自所需的灭火剂量。当两个防护区需要灭火剂量较多时,也可采用两套或数套单元独立系统保护一个防护区,但设计时必须做到能使这些系统同步工作。

知识点 4-2-2　气体灭火系统的工作原理及控制方式

一、气体灭火系统的工作原理

气体灭火系统的工作原理是:当防护区发生火灾时,产生的烟雾、高温和光辐射会使感烟、感温、感光等探测器探测到火灾信号,探测器将火灾信号转变为电信号传送至报警灭火控制器,控制器自动发出声光报警并经逻辑判断后,启动联动装置,经过一段时间延时,发出系统启动信号,启动驱动气体瓶组上的容器阀释放驱动气体,打开通向发生火灾的防护区选择阀。同时,打开灭火剂瓶组的容器阀,各瓶组的灭火剂经高压软管汇集到集流管,通过选择阀到达安装在防护区内的喷头进行喷放灭火。安装在管道上的信号反馈装置动作,将信号传送到控制器,由控制器启动防护区外的释放警示灯和警铃。

气体灭火系统工作流程如图 4-2-3 所示。

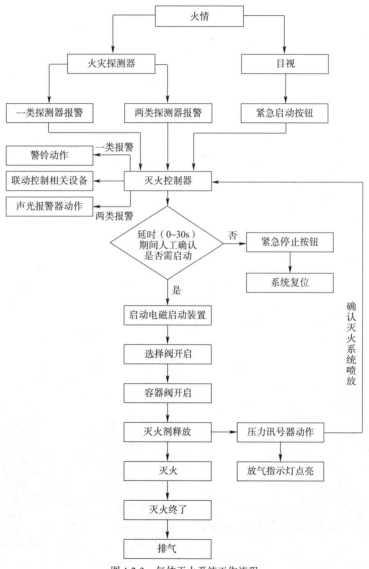

图 4-2-3 气体灭火系统工作流程

二、气体灭火系统的控制方式

气体灭火系统对各车站、车辆段的所有保护区进行保护。一般状态下,由报警控制系统监视现场状态,当发生火灾时,通过控制系统实现火警信号的采集、信息处理、相关环控设备联动控制和气体释放全过程自动控制,启动灭火装置向防护区释放灭火剂,及时控制或扑灭防护区内的火灾,以保证城市轨道交通的安全运营。气体灭火系统的控制方式一般有自动控制、手动控制、应急机械启动三种。

1. 自动控制方式

灭火控制器上一般有控制方式选择锁,当将其置于"自动"位置时,灭火控制器处于自动控制状态,如图4-2-4所示。

(1) 一次火警阶段。同一气体灭火保护区内的1个探测回路(烟感或温感)探测到火灾信号后,控制器随即发出火警声光信号,此时仅通知有异常情况发生,并不启动灭火装置释放灭火剂。如经工作人员确认,确需启动灭火装置灭火时,按下"紧急启动"按钮,即可启动灭火装置释放灭火剂,实施灭火。

(2) 二次火警阶段。同一气灭保护区内的2个探测回路(烟感和温感)探测到火灾报警信号后,控制器发出火警声光信号,通知火灾发生,现场人员应立即疏散;同时发出联动指令,关闭风机、防火阀等设备,经过30s延时后,立即发出灭火指令,打开电磁阀,启动气体打开容器阀,释放灭火剂,实施灭火;如在报警过程中发现不需要启动灭火装置,按下保护区外的或控制操作面板上的"紧急停止按钮",即可终止灭火指令的发出。

(3) 延时阶段结束。30s延时结束时,保护区外的放气指示灯点亮,钢瓶控制盘启动钢瓶电磁阀,通过启动钢瓶启动灭火剂瓶组以释放气体,气体通过管路输送到着火保护区。此时,压力开关动作并将气体释放信号传送至钢瓶控制盘,由钢瓶控制盘将气体释放信号传至气体灭火控制器。气体灭火保护区门内外的声光报警器、放气指示灯,在灭火期间将一直工作,所有人员不能进入该气体灭火保护区,直至确认火灾已经扑灭,气体灭火系统恢复或复位。

2. 手动控制方式

将控制器上的控制方式选择锁置于"手动"位置时,灭火控制器处于手动控制状态,如图4-2-5所示。

图4-2-4 系统自动启动示意图

图4-2-5 手动启动操作示意图

(1) 手动启动。无论气体灭火系统控制器和钢瓶控制盘处于何种状态,手动控制总是拥有最高权限,只要接到手拉启动器指令后,保护区外的放气指示灯点亮,气体灭火保护区内声光报警器启动,延时30s,钢瓶控制盘将开启系统的启动装置以释放气体。同时,保护区外声光报警器启动。若当前已进入延时状态,则手动启动不会打断当前延时。

(2)手动停止。在气体喷洒延时过程中,当有手动停止输入时,钢瓶控制盘的延时倒计时将被终止,停止所有输出。在手动停止操作后,若再次接收到手动启动信号,则重新进入手动启动程序。在延时过程中,若发现是系统错误启动,或防护区火情较小、无须启动气体灭火系统(仅使用手提式灭火器材或其他工具便可扑灭),此时工作人员可按下设在防护区门外的紧急停止按钮,暂时停止释放气体(直至系统复位)。如需继续开启气体灭火系统,需按下紧急启动按钮,系统继续延时达到30s后进行气体释放。

当延时30s结束后,系统已经进入气体喷放状态,手动停止将无法停止该状态下的所有输出,即手动停止只在延时仍未结束前起作用。

3. 应急机械启动控制方式

当控制器失效,而职守人员判断发生火灾时,应立即疏散现场所有人员,在确定所有人员撤离现场后,方可按以下步骤实施应急机械启动。

(1)确认发生火灾的防护区的名称。
(2)确认防护区内的人员已撤出,且要有效防止人员误入。
(3)确认影响灭火效果的设备或装置以及门窗已经关闭。
(4)尽快到达该防护区对应的灭火系统气瓶间。
(5)按照标牌指引,找到对应该防护区的启动气体储瓶。
(6)拉出该储瓶上电磁启动装置上的保险卡环。
(7)按下机械应急操作手柄即可释放启动气体(氮气),从而启动气体自动灭火系统,释放灭火剂,实施灭火。
(8)为防止运输过程中误喷,开通时则必须取下安全箱。
(9)如果此时遇上电磁启动装置维修或启动气体储瓶需充换启动气体,以及其他原因不能开启相应的选择阀、容器阀时,可按以下程序操作(同样可以实现应急机械启动):

①手动开启方向,拉动相应区域选择阀机械应急操作手柄打开选择阀;
②拉出相应储瓶先导阀上的保险卡环,按下机械应急操作手柄,打开容器阀,释放灭火剂,实施灭火。

应急机械示意图如图4-2-6所示。

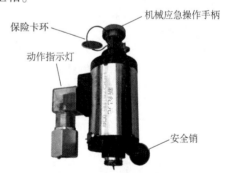

图4-2-6 应急机械示意图

技能点4-2-1 气体灭火系统操作方法及流程

一、操作前注意事项

(1)接收到报警信息后,车站值班员应在第一时间进入保护区确认火情是否属实,此时要求至少两人同时前往。两人分工合作,一人进入保护区查看火情,另一人在门外看守,防止其他无关人员进入保护区。

(2)若发现火势较大,必须启动气体灭火系统进行灭火,则由进入保护区查看的值班员疏散所有人员撤离火灾现场,当自己最后一个离开后,方操作控制盘,进行气体喷放灭火。

(3)负责门口看守的值班员在气体开始喷放直至灭火结束、人员再次进入保护区期间内不得擅自离开,以免造成因人员误入现场而受到人身伤害的事故。

二、操作方法及流程

1. 单区域报警(烟感或温感报警)

当气体灭火控制盘显示"一次火警",则对应保护区的防火阀关闭,警铃鸣响。

发生单区域报警后,值班员首先应带好气体灭火控制盘钥匙及对应保护区的房间钥匙,到达现场后,将手自动转换开关放置"手动"位置,打开保护区房门,进入保护区查看是否有火情,结合具体情况进行操作。

单区域报警操作流程见表4-2-1。

单区域报警(烟感或温感报警)操作流程　　　　表4-2-1

火情确认	操作流程	
情况一:保护区内无任何火情	探头误报火警: ①在气体灭火控制盘上按"停止"键,将警铃的报警声关闭; ②按"消音"键,将控制盘蜂鸣器消音; ③按"复位"键(此时屏幕显示输入密码),输入密码后再按"回车"键	
	若控制盘复位后显示正常: ①将手自动转换开关放回"自动"挡; ②到消防控制室对气体灭火主机进行复位; ③复位完毕,再到现场按住防火阀复位按钮不放(约1min),对防火阀进行复位	若控制盘复位后仍然再次误报: ①在气体灭火控制盘上按"停止"键,将警铃的报警声关闭; ②按"消音"键,将控制盘蜂鸣器消音; ③将手自动转换开关仍旧放在"手动"挡; ④向调度员汇报,取得指令,等待检修人员前来
	—	若在等待施工人员前来维修前,发生双区域报警,此时主机显示"二次火警",并开始30s倒计时
	—	如此时发现保护区内没有火情(烟/温感同时误报): ①立即按住"紧急停止"按钮不放,待控制盘上30s倒计时消失,方可放开"紧急停止"按钮; ②在气体灭火控制盘上按"停止"键,将警铃的报警声关闭; ③按"消音"键,将控制盘蜂鸣器消音; ④再对控制盘进行复位:按"复位"键(此时屏幕显示输入密码),输入密码后再按"回车"键
情况二:保护区内确有火情	①等待控制盘30s倒计时完毕后,自动喷放; ②若自动喷放不成功,则实施"电气手动喷放"或"机械手动喷放"; ③气体喷放后,值班员应立即记录喷放时间、喷放所对应的保护区、喷放的钢瓶数量,并及时向调度员汇报	

2. 双区域报警(烟感和温感同时报警)

双区域报警时,气体灭火控制盘显示"二次火警"并开始30s倒计时。此时,对应保护区防火阀关闭,警铃鸣响,高频振荡器响,疏散闪灯亮。

双区域报警操作流程见表4-2-2。

双区域报警(烟感和温感报警)操作流程　　　　　表4-2-2

火情确认	操作流程	
情况一:保护区内无任何火情	烟/温感同时误报: ①值班员需立即按住"紧急停止"按钮不放,待控制盘上30s倒计时消失,方可放开"紧急停止"按钮; ②按"停止"键,将警铃的报警声关闭; ③按"消音"键,将控制盘蜂鸣器消音; ④按"复位"键(此时屏幕显示输入密码),输入密码后再按"回车"键	
	若控制盘复位后显示正常: ①将手自动转换开关放回"自动"挡; ②到消防控制室对气体灭火主机进行复位; ③复位完毕,再到现场按住防火阀复位按钮不放(约1min),对防火阀进行复位	若控制盘复位后仍然再次误报: ①按"停止"键,将警铃的报警声关闭; ②按"消音"键,将控制盘蜂鸣器消音; ③将手自动转换开关仍旧放在"手动"挡; ④向调度员汇报,取得指令,等待检修人员前来
情况二:保护区内确有火情	①等待控制盘30s倒计时完毕后,自动喷放; ②若自动喷放不成功,则实施"电气手动喷放"或"机械手动喷放"; ③气体喷放后,值班员应立即记录喷放时间、喷放所对应的保护区、喷放的钢瓶数量,并及时向调度员汇报	

3.控制盘未报警时处理

控制盘未报警,但值班员确认保护区内有明火及浓烟时,需要立即启动气体灭火系统。此时的操作流程如下:

(1)紧急启动,即电气手动喷放操作。按下控制盘上"紧急启动"按钮,立即喷放灭火气体。

(2)紧急启动按钮无法执行,则采用机械手动喷放操作。到对应的气瓶室拔出对应保护区选择阀上的保险销,向上推动手柄;拔出对应保护区主动瓶上的保险销,向上推动手柄。

(3)气体成功喷放后,值班员应立即记录喷放时间、喷放所对应的保护区、喷放的钢瓶数量,并及时向调度员汇报。

4.气体喷放后的处理

气体喷放后,若值班员要进入保护区确认火情已扑灭,需在气体灭火控制盘上进行以下操作:

(1)按"停止"键,将警铃的报警声关闭。

(2)按"消音"键,将控制盘蜂鸣器消音。

(3)对控制盘进行复位。按"复位"键(此时屏幕显示输入密码),输入密码后再按"回车"键。

(4)到消防控制室对气体灭火主机进行复位。

(5)复位完毕后,到现场长按防火阀复位按钮(约1min),对防火阀进行复位。

(6)再到气体灭火控制主机上开启对应保护区的各风机,将灭火气体迅速排出,一般在开启排风30min以后,方可进入保护区。人员在进入保护区时必须佩带氧气瓶,以防残余的有害气体对人体造成伤害。

技能点 4-2-2　气体灭火系统日常维护及检修

一、气体灭火系统维护内容

气体灭火系统设备构成相对复杂,其中包含多种中、高压系统。为保证气体灭火系统在关键时刻能够有效发挥作用,在日常管理中离不开工作人员的细心检查和维护。对维护管理人员而言,需要经过专门培训并考试合格后才能胜任岗位,要负责灭火系统的定期检查、记录和问题处理。

1. 日检

每日应对气体灭火储存装置间及现场设备的运行状态进行检查并记录。气体灭火系统维护检查记录表见表4-2-3。

气体灭火系统维护检查记录表　　　　　　　　　　　　　　表 4-2-3

使用单位				
防护区/保护对象				
维护检查执行的规范名称及编号				
检查类别(日检、季检、年检)				
检查日期	检查项目	检查情况	故障原因及处理情况	检查人员签字
年　月　日				
年　月　日				
年　月　日				
年　月　日				
年　月　日				
年　月　日				
年　月　日				
备注				

2. 月检

(1)灭火剂储存容器及容器阀、单向阀、连接管、集流管、安全泄放装置、选择阀、阀驱动装置、喷嘴、信号反馈装置、检漏装置、减压装置等全部系统组件应无碰撞变形及其他机械性损伤,表面应无锈蚀,保护涂层应完好,铭牌和保护对象标志牌应清晰,手动操作装置的防护罩、铅封和安全标志应完整。

(2)灭火剂和驱动气体储存容器内的压力,不得小于设计储存压力的90%。

(3)预制灭火系统的设备状态和运行状况应正常。

3. 季检

(1)可燃物的种类、分布情况,防护区的开口情况,应符合设计规定。

(2)储存装置间的设备、灭火剂输送管道和支、吊架应固定,无松动。

(3)连接管应无变形、裂纹及老化。必要时,送法定质量检验机构进行检测或更换。

(4)各喷嘴孔口应无堵塞。

(5)对高压二氧化碳储存容器逐个进行称重检查,灭火剂净重不得小于设计储存量的90%。

(6)灭火剂输送管道有损伤与堵塞现象时,应按相关规范规定进行严密性试验和吹扫。

4. 年检

每年除应按日检、月检、季检上述的要求对气体灭火系统进行全面检查外,还应对每个防护区进行一次模拟启动试验,并应按规定要求进行一次模拟喷气试验。

二、气体灭火系统组件检修方法

1. 外观检查

(1)使用观察检查的方法检查气体灭火系统灭火剂储存容器、选择阀、高压软管、集流管、阀驱动装置、管网与喷嘴等系统部件外观有无机械损伤、锈蚀和镀层脱落,如存在缺陷,应及时更换。检查电磁阀与控制阀的连接导线是否完好,端子是否松动或脱落。

(2)同一防护区内使用的灭火剂储存容器规格应一致。

2. 安装检查

(1)使用手动或工具检查的方法检查气体灭火系统各部件之间的相互连接是否牢固,各连接管道连接是否牢固,有无松动、脱落。

(2)储存容器应有固定标牌,标明设计规定的储存容器的编号、皮重、容积、灭火剂名称、充装量、充装日期、充装压力。驱动装置和选择阀应有分区标志牌,选择阀手动操作装置启闭应灵活。

(3)高压二氧化碳储瓶的称重装置应正常,并应有原始重量标记。

(4)压力表的安装位置应便于观察,手动启动装置的安装应便于操作,且手动操作装置的铅封应完好。

(5)喷嘴喷口的方向应正确、喷口无堵塞,周围无影响喷头喷放灭火剂的障碍物。

3. 储存装置压力检查

直接观察储存容器上的压力表指示值是否符合要求,对于压力表前有压力表阀的,按生产厂家产品说明书提供的方法打开压力表阀,再观察压力表指示值是否符合要求,检查完毕后应关闭表阀。如果压力表显示的压力小于对应温度下充装压力的90%或超过5%以上,应通知厂家进行检查维修。检查驱动装置压力时,应有保证驱动装置不被启动的措施。

4. 称重检漏装置检查

对高压二氧化碳灭火系统,按灭火剂储瓶内二氧化碳的设计储存量,计算允许的最大损失量。采用拉力计,向储瓶施加与最大允许损失量相等的向上拉力,查看检漏装置能否发出报警信号。

5. 信号反馈装置性能检查

手动或使用工具启动信号反馈装置,查看气体灭火控制器及现场放气指示灯的动作情况,如无动作应进行维修,试验完毕后应恢复原位。

6. 驱动装置模拟启动

(1)驱动装置模拟启动试验前,应有避免其他驱动装置动作的可靠措施,如将其他驱动装置的启动信号线拆除。

(2)查看防护区内的声光报警装置,入口处的安全标志、声光报警装置,以及紧急启动、停止按钮是否良好。

(3)将系统设定在自动控制状态,拆开该防护区启动钢瓶的启动信号线,并与万用表连接。将万用表调节至直流电压挡后,先后触发防护区内两个火灾探测器,查看气体灭火控制器的显示,测量延时启动时间,查看防护区内声光报警装置、通风设施以及入口处声光报警装置等的动作情况,查看气体灭火控制器与消防控制室显示的反馈信号。

(4)上述试验完毕后,将气体灭火控制器复位,并将系统设置在手动状态,触发试验防护区外的紧急启动按钮,查看驱动装置启动情况。查看防护区内声光报警装置、通风设施以及入口处声光报警装置等的动作情况,查看气体灭火控制器与消防控制室显示的反馈信号。

(5)试验完毕后,将系统恢复到原始警戒状态。

技能点 4-2-3　气体灭火系统典型故障及处置

一、系统气动启动失效

启动钢瓶瓶头阀故障和灭火气体输送路径出现问题都会造成气动启动失效。

1. 故障原因一:启动钢瓶瓶头阀故障

造成该故障的原因一般是启动钢瓶瓶头阀药包组断路,导致药盒未能引爆,或者启动钢瓶瓶头阀蓄能弹簧部分失效,无法释放启动介质氮气。

若出现启动钢瓶瓶头阀故障,首先需要将其启动电源断开,再对该阀体进行更换处理。对于更换下的瓶头阀,检查药包是否动作,若未发生动作,则检查其药包及线路是否完好,可排除蓄能弹簧部分出现问题;若发生动作,则检查刺破针是否刺破膜片,以便确认蓄能弹簧部分是否存在问题,从而对该蓄能弹簧进行更换处理。

2. 故障原因二:灭火气体输送路径出现问题

该故障会导致启动钢瓶已经释放启动介质氮气,而药剂钢瓶和选择阀没有气动打开。

若出现此类故障,需检查气路单向阀安装方向,以及启动管路是否存在泄漏情况,主要以目测为主。如果条件允许,可对管道进行打压测试。

二、探测器误报警

1. 故障原因一:探测器线路故障

由于人为原因等造成现场环境潮湿,探测器可能会出现线路短路等故障。

若为线路问题则处理线路;若是因为潮湿而误报,首先要查清造成该地方潮湿的原因是否可改变,并尽量保持探头附近环境干燥。若无法改变,立即风干该探测器电阻。

2. 故障原因二：现场风力过大导致探测器故障

若烟感器处于风口位置，则可能会由于风大、灰尘重等原因导致火警误报。

对于处在风口的探测器，可以通过避免其直接受风解决误报问题，例如在探测器迎风面加小面积挡板。

3. 故障原因三：现场温度过高导致探测器故障

若室内温度过高，则可能使温感玻璃球破裂，造成探测器误报火警。

对于因室内温度过高而导致温感探测器误报警的情况，应加强对设备房间的环境监控，保持设备房间的冷却系统运行正常、不超标。

三、其他简单故障及处理

气体灭火系统其他简单故障现象、原因及处理方法见表4-2-4。

气体灭火系统其他简单故障现象、原因及处理方法　　　表4-2-4

序号	故障现象	故障原因	处理方法
1	启动气瓶压力表示值低于绿线区	压力表损坏	放空气瓶，更换压力表，重新充气
		气瓶有微小泄漏	检查并排除泄漏，及时补充灭火剂
2	无法用电气自动打开启动气瓶	无开阀电信号或信号太弱	检修（报警）灭火控制器
		连接线路断路	检修线路
		启动气瓶电磁阀故障	放空气瓶，更换启动气瓶
3	无法手动打开启动气瓶	止动挡销未拆除	拆除止动挡销
4	灭火剂储瓶压力示值高于绿线区	环境温度超过50℃或压力表损坏	降低环境温度或更换压力表
5	启动气体释放后，瓶头阀不动作	启动管路未安装完毕或有泄漏	检查启动管路，装好管路
		启动管路单向阀反向安装	正确安装该单向阀
		瓶头阀固定套未拆除	放空启动管路中气体后，拆除瓶头阀固定套
6	释放灭火剂时，金属软管处泄漏	软管断裂或泄漏	更换金属软管
		软管未安装好	将软管安装牢固
7	组合分配系统某区释放时，打开其他区瓶组，造成误喷	该故障发生在多区灭火剂储瓶中启动气瓶的系统，由灭火剂管路单向阀装反或泄漏造成	更换气路单向阀，重新充装
8	释放灭火剂时，集流管安全阀处有泄放	安全膜片未安装或爆破	立即安装或更换相同规格型号的安全膜片
9	释放灭火剂时，瓶头阀已开启，但无灭火剂进入相应保护区	选择阀未开启	手动开启相应区域选择阀
		选择阀与启动气瓶不匹配	调整启动管路

续上表

序号	故障现象	故障原因	处理方法
10	释放灭火剂时,无反馈信号	信号反馈线路故障	检修线路
		压力开关未复位	复位压力开关
		压力开关损坏	更换压力开关

任务 4-3　自动喷水灭火系统的运行与维护

 知识目标

1. 掌握湿式自动喷水灭火系统的设备构成;
2. 理解湿式自动喷水灭火系统的工作原理;
3. 了解自动喷水灭火系统的分类。

 技能目标

1. 能对湿式自动喷水灭火系统进行安装、调试及使用;
2. 能对湿式自动喷水灭火系统进行日常维护和检修;
3. 能处理湿式自动喷水灭火系统的简单故障。

 能力目标

1. 具备良好的职业素养;
2. 具备团队协作精神及与人沟通的能力;
3. 具有较强的实践能力和安全生产意识。

知识点 4-3-1　自动喷水灭火系统的分类与构成

一、自动喷水灭火系统的分类

1. 自动喷水灭火系统的定义

自动喷水灭火系统是应用历史最久、范围最广的一种固定灭火系统,具有不污染环境、灭火效率高、工作性能稳定、维护简便等优点,可用于各种建筑物中允许用水灭火的场合,可以自动扑救初期火灾或为消防人员灭火提供技术手段。

2. 自动喷水灭火系统的分类

目前国内主要采用的自动喷水系统主要有三种形式:湿式自动喷水灭火系统、干式自动喷水灭火系统和预作用式自动喷水灭火系统。

(1)湿式自动喷水灭火系统。湿式自动喷水灭火系统适合在温度不低于4℃且不高于70℃的环境中使用。湿式自动喷水灭火系统结构相对简单,在正常情况下,设备处于警戒状态,即配水管道内充水,由稳压泵或气压给水设备等稳压设施维持管道内充水的压力。当火灾发生时,由干式喷头探测火灾,水流指示器报告起火区域,报警阀组或稳压泵的压力开关输出启动水泵信号,完成系统的启动,实施灭火。

(2)干式自动喷水灭火系统。干式自动喷水灭火系统适合长期气温低于0℃的部分地区使用。干式自动喷水灭火系统采用干式报警阀组,在警戒状态下,配水管道内不充水而是充满压缩空气,以防止低温造成管道冻结。为保持系统管网气压,需要配套设置稳压补气设施。当火灾发生时,干式自动喷水灭火喷头被触发,配水管道开始排气充水,此过程结束后系统开始喷水灭火,因此排气充水过程使灭火时机产生滞后,相对削弱了系统的灭火能力。

(3)预作用式自动喷水灭火系统。预作用式自动喷水灭火系统介于湿式自动喷水灭火系统和干式自动喷水灭火系统之间,其采用预作用式报警阀组,并由配套使用的FAS启动。系统处于警戒状态时,配水管道为不充水的空管。利用火灾探测器的热敏性能优于闭式自动喷水灭火喷头的特点,由FAS开启雨淋阀后为管道充水,使系统在闭式自动喷水灭火喷头动作前转换为湿式自动喷水灭火系统,其后与湿式自动喷水灭火系统运行机制相同。我国相关规范中明确规定:系统处于准工作状态时,严禁管道漏水和严禁系统误喷的场所应该使用预作用式自动喷水灭火系统。

考虑城市轨道交通车站为消防安全严重危险级建筑,人流密集,火灾危险性高,系统要求具有较高的可靠性;同时要结构简单,维护方便,所以采用湿式自动喷水灭火系统较为合理。下面以湿式自动喷水灭火系统为例,阐述其系统构成。

二、湿式自动喷水灭火系统的构成

湿式自动喷水灭火系统由闭式洒水喷头、水流指示器、湿式(报警)阀以及管道和供水设施等组成,为喷头常闭的灭火系统。管网中充满有压水,当建筑物发生火灾,火场温度达到喷头开启温度时,喷头出水灭火。

湿式自动喷水灭火系统构成如图4-3-1所示。

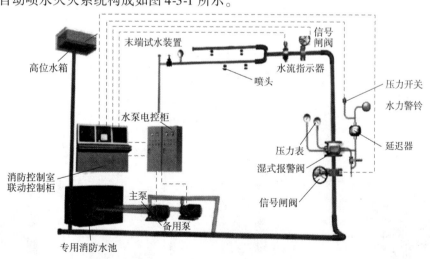

图4-3-1 湿式自动喷水灭火系统构成图

1.湿式报警阀

湿式报警阀是一种只允许水单方向流入喷水系统并在规定流量下报警的单向阀。它在系统中主要起到接通或关断报警水流、驱动水力警铃和压力开关报警、防止水倒流的作用。

2. 延迟器

延迟器是一种容积式部件,主要起到避免虚假报警的作用。当出现水源压力突然发生变化导致报警阀短暂开启,或因报警阀局部渗漏使水进入警铃管道等突发情况时,对水流起到一种暂时容纳的作用。只有真正发生火灾时,喷头和报警阀相继打开,水流源源不断地大量流入延迟器,经30s左右充满整个容器,然后冲入水力警铃报警。

3. 压力开关

压力开关(继电器)安装在延迟器上部,是自动喷水灭火系统的自动报警和控制附件,它能将水压力信号转换成电信号。当压力超过或低于预定工作压力时,电路就闭合或断开,输出信号至火灾报警控制器或直接控制启动其他电气设备。

4. 水力警铃

水力警铃是湿式报警阀开启后,能发出声响的水力驱动式报警装置。它安装在延迟器的上部。当火灾发生时,由报警阀流出带有一定压力的水驱动水力警铃报警。警铃流量等于或大于一个喷头的流量时立即动作。

5. 水流指示器

水流指示器一般安装在配水干管上,是靠管内压力水流动的推力而动作的,它推动微动开关发出报警信号,起到检测和指示报警区域的作用。另外,水流指示器也可与系统的其他组成部件联动,控制消防泵的开启动作。

6. 闭式洒水喷头

闭式洒水喷头由喷头体、溅水盘、感温玻璃球、释放和密封机构组成,是在热的作用下,在预定的温度范围内自行启动,并按设计的洒水形状和流量洒水的一种喷水装置。

7. 末端试水装置

末端试水装置安装在系统管网或分区管网的末端,用于自动喷水灭火系统等流体工作系统中。该试水装置末端接相当于一个标准喷头流量的接头,打开该试水装置,可进行系统模拟试验调试。利用此装置可对系统进行定期检查,以确定系统是否能正常工作。

湿式自动喷水灭火系统的主要部件如图4-3-2所示。

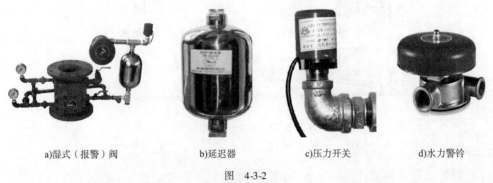

a) 湿式(报警)阀　　b) 延迟器　　c) 压力开关　　d) 水力警铃

图 4-3-2

e)水流指示器　　　f)闭式洒水喷头　　　g)末端试水装置

图 4-3-2　湿式自动喷水灭火系统的主要部件

知识点 4-3-2　湿式自动喷水灭火系统的工作原理

湿式自动喷水灭火系统的工作原理如图 4-3-3 所示。

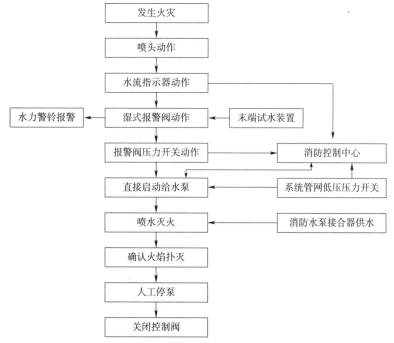

图 4-3-3　湿式自动喷水灭火系统工作原理图

第一阶段：发生火灾，喷头动作。当保护区域内发生火灾，火场温度升高，使闭式喷头感温元件(玻璃球)炸裂，从而使喷头开启喷水。

第二阶段：水流指示器动作。管网内的水由静止变为流动，水流经水流指示器，带动水流指示器动作，向消防控制室报警。

第三阶段：湿式报警阀动作。此时湿式报警阀系统侧压力降低，供水侧压力大于系统侧压力(即产生足够的压差)，使阀瓣打开，湿式报警阀由关闭转为开启。

第四阶段：水力警铃动作。压力水进入报警信号通道，推动水力警铃就地发出声响报警，并推动压力开关，压力开关动合触点闭合。

第五阶段：压力开关动作。压力开关两对动合触点，一对接硬拉导线，直送泵房喷淋电气控制柜,直接启动喷淋泵。另一对动合触点接信号模块,送至消防控制室,反映压力开关工作状态。

第六阶段:水泵启动,持续供水。消防控制室控制器根据水流指示器和压力开关的报警信号或消防水箱(池)的水位信号,自动启动消防水泵向管网加压供水,从而达到持续喷水的目的。

技能点4-3-1　湿式自动喷水灭火系统安装、调试及使用

一、安装要求

(1)报警阀组的安装应在供水管网试压、冲洗合格后进行。

(2)安装时应先安装水源控制阀、报警阀,然后进行报警阀辅助管道的连接。

(3)水源控制阀、报警阀与配水干管的连接,应使水流方向一致。

(4)报警阀组安装的位置应符合设计要求;当设计无要求时,报警阀组应安装在便于操作的明显位置,距室内地面高度宜为1.2m;两侧与墙的距离不应小于0.5m;正面与墙的距离不应小于1.2m;报警阀组凸出部位之间的距离不应小于0.5m。

(5)安装报警阀组的室内地面应有排水设施。

(6)应使报警阀前后的管道中能顺利充满水;压力波动时,水力警铃不应发生误报警。

(7)报警水流通路上的过滤器应安装在延迟器前,且便于排渣操作的位置。

(8)水力警铃与报警阀连接的管道,其管径应为20mm,总长不宜大于20m。

二、检验及调试

1.现场检验

(1)报警阀除应有商标、型号、规格等标志外,还应有水流方向的永久性标志。

(2)报警阀和控制阀的阀瓣及操作机构应动作灵活、无卡涩现象,阀体内应清洁、无异物堵塞。

(3)水力警铃的铃锤应转动灵活、无阻滞现象;传动轴密封性能好,不得有渗漏水现象。

(4)报警阀应进行渗漏试验。试验压力应为额定工作压力的2倍,保压时间不应小于5min,阀瓣处应无渗漏。

2.功能调试

使用压力表、流量计、秒表等工具对报警阀进行功能调试,方法如下:

(1)在末端装置处放水,当湿式报警阀进口水压大于0.14MPa、放水流量大于1L/s时,报警阀应能及时启动。

(2)带延迟器的水力警铃应在5~90s内发出报警铃声,不带延迟器的水力警铃应在15s内发出报警铃声。

(3)压力开关应及时动作,启动消防泵并反馈信号。系统排出的水应通过排水设施全部排走。

(4)打开阀门放水,使用压力表、声级计和尺量检查,水力警铃喷嘴处压力不应小于0.05MPa,且距水力警铃3m远处警铃声强不应小于70dB(A)。

(5)试验完毕后,湿式报警阀组应回复原位,警铃停止报警,压力开关复位,延迟器自动排水,时间不大于5min,并且在伺服状态下延迟器应无出水。

三、系统操作

(1)关闭系统主供水阀(湿式报警阀进口端信号蝶阀)、末端试验阀。

(2)打开系统排水阀(湿式报警阀排水阀),排出系统侧管网水。水排尽后关闭系统排水阀。

(3)打开区域信号阀。

(4)缓慢打开主供水阀向系统供水,逐步打开所有保护区域的末端试验阀,直到有稳定的水流从末端试验阀流出,关闭末端试验阀。

(5)打开报警控制阀,检查延迟器下漏水接头是否滴水,检查水力警铃是否发出响声。若滴水,关闭主供水阀,检查湿式报警阀,按安装注意事项操作;若警铃不响,关闭报警控制阀,检修警铃。使用压力表、流量计、秒表等工具对报警阀进行功能调试,方法如下:

①在末端装置处放水,当湿式报警阀进口水压大于0.14MPa、放水流量大于1L/s时,报警阀应能及时启动。

②带延迟器的水力警铃应在5~90s内发出报警铃声,不带延迟器的水力警铃应在15s内发出报警铃声。

③压力开关应及时动作,启动消防泵并反馈信号。系统排出的水应通过排水设施全部排走。

④打开阀门放水,使用压力表、声级计和尺量检查,水力警铃喷嘴处压力不应小于0.05MPa,且距水力警铃3m远处警铃声强不应小于70dB(A)。

⑤试验完毕后,湿式报警阀组应回复原位,警铃停止报警,压力开关复位,延迟器自动排水,时间不大于5min,并且在伺服状态下延迟器应无出水。

技能点4-3-2　湿式报警阀组日常维护与检修

湿式报警阀组(包括湿式报警阀体、系统侧压力表、供水侧压力表、延迟器、压力开关、水力警铃等组件)是湿式自动喷水灭火系统中的关键设备,湿式报警阀组的性能会直接影响整个系统能否正常工作,因此必须对湿式报警阀组进行定期维护。

湿式报警阀组的构成如图4-3-4所示。

图4-3-4　湿式报警阀组示例图

一、日常维护内容

1.日检

日检内容包括湿式报警阀组的外观检查、系统组件的安装位置检查、控制阀门的启闭状态检查等。

2. 周检

(1)检查试水管道是否畅通,有无堵塞现象;

(2)试水管的试验阀开关是否灵活,阀杆应加黄油润滑保护;

(3)记录压力表的静态值大小;

(4)水力警铃报警是否准确;

(5)对湿式报警阀组进行清洁。

3. 月检(或季检)

(1)手动开启放水试验阀,检查系统启动、报警功能和出水情况是否正常;

(2)水力警铃应发出报警声,压力开关应动作;

(3)检查加铅封或锁链地方有无变化,若发生损坏应及时修复。

4. 年检

(1)全面清洁检查各控制阀和管路,并加强维护;

(2)按月检要求进行检查;

(3)与泵房一起实施全部联动检查。

二、日常检修方法

1. 外观检查

(1)使用观察检查方法每日对湿式报警阀组的外观进行检查,查看各组件组装是否正确、完整、无渗漏,确保配件功能完好、阀组四周无影响操作的障碍物。

(2)报警阀组应配有标明系统名称、保护区域的注释牌,压力表显示应符合设定值。

(3)位于报警阀组后面的喷淋管网不可连接其他任何非喷淋用水器具,如水龙头、洒水栓、消火栓箱等,否则将造成报警阀组误报警而启动喷淋泵。

2. 安装检查

(1)湿式报警阀为一种单向阀,安装时要求方向正确,并且必须垂直安装才能保证其正常工作,发挥作用。

(2)使用观察检查和尺量检查方法检查湿式报警阀组的安装位置。

(3)使用观察检查和尺量检查方法检查水力警铃的安装位置。

(4)使用观察检查方法检查报警阀组附件的安装情况,压力表应安装在报警阀上便于观测的位置;排水管和试验阀应安装在便于操作的位置;水源控制阀安装应便于操作,且应有明显开闭标志和可靠的锁定设施。压力开关应竖直安装在通往水力警铃的管道上,管网上压力控制装置的安装应符合设计要求。

3. 控制阀门检查

(1)水源控制阀、报警阀与配水干管的连接,应使水流方向一致。

(2)报警阀组进出口的控制阀应采用信号阀,不采用信号阀时,应用锁具固定阀位。

(3) 控制阀在正常状态下应为常开,并用锁具固定阀位。

(4) 手动检查控制阀门的开、关应灵活可靠,并且具有明显的标志。

技能点 4-3-3　湿式自动喷水灭火系统典型故障及处置

一、湿式报警阀组常见故障及处理

湿式报警阀组常见故障现象及处理方法见表 4-3-1。

湿式报警阀组常见故障现象及处理方法　　　　　表 4-3-1

序号	故障部件	故障现象	处理方法
1	阀瓣	阀瓣关闭不严,延迟器排水口有持续漏水,严重时会发生断续报警,报警阀异常灵敏或灵敏度降低	①将报警阀的阀盖打开,清除座圈及阀瓣垫面上的沉积物; ②更换垫片
2	延迟器	在进行末端试水装置试验和警铃试验时,报警阀不能在 5～90s 时间内发出报警信号,试验完毕后延迟器排水时间超过 5min	①检查延迟器进水口、出水口、排水口的位置和接口尺寸是否符合产品要求,排水口附件是否齐备,否则应重新装配; ②检查排水口是否被堵塞
3	压力表	报警阀压力标识值异常	①选择合适的压力表,保证压力表示值在压力表的 1/3～2/3 的量程区间之内,并应定期校检压力表; ②保证稳压装置的运行压力符合消防要求; ③保证稳压水源从报警阀水源管道上引入,使水源能通过报警阀
4	主排水阀	主排水阀的故障主要是阀的渗漏或损坏。如排水管滴漏不止,排水阀锈蚀卡死,难以操作	①水中机械杂物较多时,在报警阀的水源入口设置过滤器; ②主排水阀宜采用阀座、阀杆及阀杆螺母为铜或不锈钢材质的阀门; ③经常检查,定期操作
5	压力开关	压力开关误报警或不报警	①检查压力开关的最小动作压力是否符合要求; ②检查压力开关触点的接触电阻和绝缘电阻是否符合要求; ③检查电气线路和信号模块是否正常
6	报警阀信号槽	报警水流量减小,水力警铃响度不够,甚至不响	①改善水源的水质,增设符合要求的水源过滤器; ②发现报警水流减小时应及时清理信号槽
7	水力警铃	水力警铃的报警阀动作后不报警、断续报警或警铃响度不够	①当报警实验时,发现叶轮盒无水流出或水流甚少,一般是喷嘴堵塞,应检查过滤器的网孔尺寸; ②当报警试验时,叶轮盒排水正常,但无声响,应检查进水管与排水管是否反向(水力警铃如被拆装过,容易出现反向,应重新按要求组装); ③检查铃锤是否脱落

二、湿式自动喷水灭火系统其他故障及处理

湿式自动喷水灭火系统其他故障现象、原因及处理方法见表4-3-2。

湿式自动喷水灭火系统其他故障现象、原因及处理方法　　表4-3-2

序号	故障现象	故障原因	处理方法
1	启泵后水泵不出水	消防水池无水或水位过低	检查消防水池水位
		进水闸阀或出水闸阀关闭	检测进、出水闸阀
		进水管的海底阀被堵住	海底阀被堵，使进水管内充满空气。排除管内的空气
		水泵反转	检查电机的相序
		进水管的阀门被堵塞	检查进水管
2	水泵振动过大或异响	水泵的基础不牢或螺栓松动	检查基础和固定螺栓
		水泵轴心偏心、轴承损坏	检查水泵泵体
		水泵润滑油不足	检查水泵润滑油
3	水流指示器在水流动作后不报警	电气线路损坏、端子接线故障	按程序联系维修
		水流指示器桨片不动、桨片损坏	检查桨片是否损坏或塞死不动
		微动开关损坏、干簧管触点烧坏	检查永久性磁铁、干簧管等器件
		永久性磁铁失效	按程序联系维修
4	联动和远程控制不能启动	水泵控制柜的万能转换开关未在自动状态，中间继电器损坏	检查控制柜万能转换开关、中间继电器
		远程控制线有问题	检查远程控制线
		控制设备未设压力开关或损坏	检查控制设备或联动程序

项目 5　通风与空调系统的运行与维护

任务 5-1　通风与空调系统概述

1. 掌握通风与空调系统的组成部分及控制权优先级;
2. 理解通风与空调系统的功能及分类方式;
3. 了解通风与空调系统的概念。

1. 熟练识读城市轨道交通机电维护人员关于通风与空调系统的平面示意图;
2. 会判断城市轨道交通车站的通风与空调系统类型;
3. 能快速划分通风与空调系统五大模块。

能力目标

1. 爱岗敬业,具有一定的职业素养;
2. 具备团队协作精神及与人沟通的能力;
3. 具有服务意识,有责任心,能吃苦耐劳。

知识点 5-1-1　通风与空调系统基础知识

一、通风与空调系统概念

城市轨道交通通风与空调系统也称城市轨道交通环控系统,是为满足城市轨道交通车站、区间隧道、办公大楼、车辆段及变电所等建(构)筑物的空气质量(含空气温度、湿度、空气流速和空气品质等)和防排烟要求,通过通风、空调或两者相结合的方式对环境空气进行处理的系统。

城市轨道交通通风与空调系统在正常运营时为乘客和车站设备提供舒适的乘车环境,在事故及灾害情况下可进行通风、排烟、排热、排毒,能够保障乘客生命安全。

二、通风与空调系统的功能

城市轨道交通系统人员密集且流动性大,尤其是地下车站和区间隧道的密闭性导致通风条件差,这些都对城市轨道交通的通风与空调系统提出了更高的要求。随着城市轨道交通系统的快速发展,乘客对于乘车环境的舒适性、便捷性要求有所提高。为适应时代需求,城市轨道交通通风与空调系统的设备、工程技术也日益信息化、规范化,具体表现为:

(1)日常运营时,能根据季节气候合理有效地控制城市轨道交通系统内的空气质量,为乘客提供舒适卫生的环境,同时保证设备正常运行。

(2)列车阻塞在区间隧道时,能向阻塞区间提供新鲜的空气,维持乘客短时间内的氧气需求。

(3)当发生火灾时,开启排烟设备,进行有效排烟,为乘客和工作人员提供必要的新风,以利于乘客安全疏散。

三、通风与空调系统的分类

根据使用场所不同、标准不同,城市轨道交通通风与空调系统分为车站通风与空调系统、区间隧道通风系统和车站设备管理用房通风与空调系统。

根据城市轨道交通隧道通风换气的形式以及隧道与车站站台层的分隔关系不同,城市轨道交通通风与空调系统分为开式系统、闭式系统和屏蔽门式系统。

1. 开式系统

开式系统是利用机械或"活塞效应"原理使城市轨道交通系统内部与外界交换空气,为车站和隧道提供新风。这种系统多用于当地最热月的月平均温度低于25℃且运量较小的城市轨道交通系统。

由于设置许多活塞风井对大多数城市来说都很难实现,因此"全活塞通风系统"只在早期城市轨道交通系统中应用,现今建设的城市轨道交通系统多设置活塞通风与机械通风的联合系统。

2. 闭式系统

闭式系统使城市轨道交通系统内部基本上与外界大气隔断,仅供给满足乘客所需的新鲜空气量。车站一般采用空调系统,而区间隧道的通风和冷却是借助列车运行的"活塞效应"携带一部分车站空调冷风来实现的。

这种系统多用于当地最热月的月平均温度高于25℃、运量较大、高峰时间内每小时的列车运行对数和每列车车辆数的乘积大于180的城市轨道交通系统。

在闭式系统的城市轨道交通线路中,为了增加乘客的安全性,许多车站在站台边缘设置了安全门,但并没有将隧道和车站的空气隔离开来(图5-1-1)。

图5-1-1 闭式系统车站

3. 屏蔽门式系统

屏蔽门式系统是指在车站的站台与行车隧道间安装屏蔽门,将其分隔开,车站安装空调系统,隧道用机械通风或活塞通风系统。安装屏蔽门后,车站成为单一的建筑物,不受区间隧道行车时活塞风的影响(图5-1-2)。

屏蔽门式系统的车站空调冷负荷仅为闭式系统的22%~28%,且由于车站与行车隧道隔开,减少了运行噪声对车站的干扰,不仅使车站环境较安静、舒适,也使乘客出行更为安全。

四、通风与空调系统的组成

不同制式的通风与空调系统因其特点不同组成部分有所差别,我国的城市轨道交通线路通风与空调系统一般采用屏蔽门式系统。屏蔽门式通风与空调系统是采用人工的方法,创造和维持满足一定要求的空气环境,包括隧道通风系统和车站通风空调系统两大部分,具体组成如图 5-1-3 所示。

图 5-1-2 屏蔽门式系统

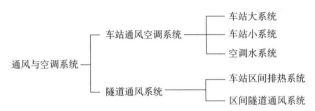

图 5-1-3 城市轨道交通通风与空调系统组成图

知识点 5-1-2 通风与空调系统的控制

城市轨道交通通风与空调系统的控制一般采用中央级、车站级和就地级三级控制,其中就地级控制具有最优控制权。通风与空调系统控制结构图如图 5-1-4 所示。

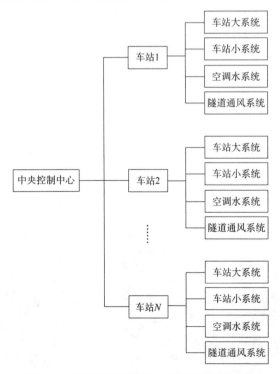

图 5-1-4 城市轨道交通线通风与空调系统控制结构图

一、中央级控制

中央级控制装置设在控制中心,通过路由器将控制中心工作站与全线隧道通风系统工作站和车站通风空调系统工作站联网,对各车站和区间隧道的通风空调系统进行监控,向车站下达各系统的运行模式指令,使其统一、协调地运行。

中央级控制装置配备监控工作站、维护计算机、网络服务器、路由器、打印机和模拟屏等设备。中央级控制中心如图 5-1-5 所示。

按照城市轨道交通通风与空调系统运行模式的不同,中央级控制的功能有所区别,见表 5-1-1。

图 5-1-5　中央级控制中心

中央级控制的运行模式及功能　　　　表 5-1-1

运 行 模 式	功　　能
正常工况	下达运行方案指令,接收设备运行信号,显示设备工作状态
区间阻塞工况	直接控制和显示故障列车两端车站的风机开关
火灾工况	转入火灾工况环控模式,直接控制环控设备,指示乘客疏散方向

二、车站级控制

车站级控制装置设在车站综合控制室,配备环控计算机、打印机、与 FAS 相连的网关和紧急控制盘等设备,确保不同运行模式下各设备按要求进行控制和显示(图 5-1-6)。

车站级控制属于二级控制,接收中央级控制的通信指令,对本站的所有环控设备进行监控,并向中央级控制反馈环控设备的运作状态。

三、就地级控制

就地级控制在各种环控设备电源控制柜处进行操作,主要供设备安装、调试、检修时现场使用。为确保安全和操作方便,就地级控制具有最优控制权,即就地控制时,各环控设备以就地级控制的指令为先,中央级控制和车站级控制均失效。就地控制结束或取消后,恢复环控设备的正常控制级。如图 5-1-7 所示为城市轨道交通车站就地控制盘。

图 5-1-6　车站级控制

图 5-1-7　城市轨道交通车站就地控制盘

项目5　通风与空调系统的运行与维护

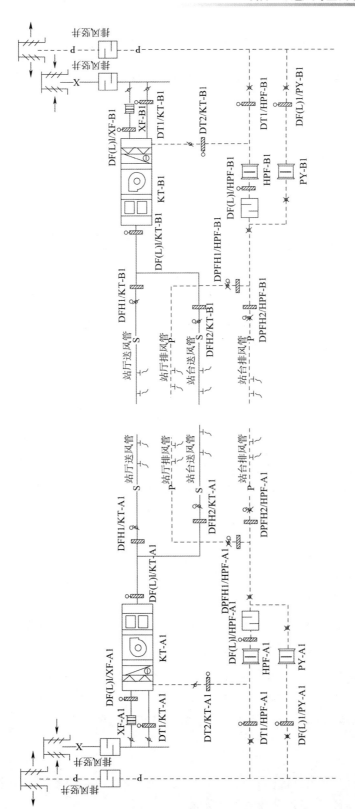

图5-1-8　某城市轨道交通车站通风与空调系统结构示意图

技能点 5-1-1　认识城市轨道交通通风与空调系统

以某城市轨道交通车站通风与空调系统结构示意图(图 5-1-8)为例,认识城市轨道交通通风与空调系统的组成结构及各组成设备的符号表示。

作为初学者,要识读城市轨道交通车站通风与空调系统结构图或施工图,需养成查阅资料的习惯,一般的识图方法与步骤可归纳如下:

(1)掌握图形中的图例含义;
(2)分析图纸内容,初步了解图上的设备管道等构成情况及相互关系;
(3)根据图纸内容,结合实际运行情况,分析典型故障,提出处理方案并解决故障问题。

任务 5-2　车站通风与空调系统的运行与维护

1.掌握车站通风与空调系统三大系统的范围、设备及气流组织;
2.理解车站大系统的工作原理和火灾排烟模式;
3.理解车站小系统的火灾排烟模式和空调水系统的运行模式;
4.了解车站通风与空调系统三大系统的功能。

1.能对车站通风与空调系统进行日常操作及巡检;
2.熟练掌握车站机电维护人员对车站通风与空调系统主要设备的计划性检修;
3.能处理车站通风与空调系统主要设备的典型故障。

1.具备一定的职业素养;
2.具备团队协作精神及与人沟通的能力;
3.具有大局意识,有责任心。

知识点 5-2-1　车站通风与空调系统基础知识

车站作为乘客上下车的节点,其通风与空调系统的调节决定了乘客的舒适度,在城市轨道交通线路通风与空调系统中起着举足轻重的作用。

城市轨道交通车站通风与空调系统包含车站公共区通风空调系统(简称"车站大系统")、车站设备管理用房通风空调系统(简称"车站小系统")和空调水系统。

一、车站大系统

车站大系统是指车站公共区(含站厅、站台、人行通道)通风空调系统采用全空气一次回风空调系统,具有车站公共区排烟功能的系统。

1. 车站大系统的功能

车站大系统主要是通过空调或机械通风来调节车站公共区的空气质量,为乘客创造一个舒适的乘车环境,并在发生火灾时通过机械排风方式进行排烟,同时外界新鲜空气可通过电扶梯或人行通道进入车站站厅、站台,便于乘客撤离和消防人员灭火。

2. 车站大系统的设备及气流组织

车站大系统在站厅层两端设通风空调机房,一般情况下机房内各设 1 台组合式空调机组(图 5-2-1),1 台回/排风机(图 5-2-2),1 台排烟风机(图 5-2-3)和 1 台空调小新风机,各负责车站一半的公共区通风空调负荷。空调箱内的风机和回排风机均采用变频器调节。在组合式空调箱内还需设置空气净化器。

图 5-2-1 组合式空调机组

图 5-2-2 回/排风机

图 5-2-3 排烟风机

地下车站站厅公共区气流组织采用上部均匀送风、上部回风的形式;车站站台公共区气流组织采用上部均匀送风、上部均匀回风的形式。若地下车站出入口通道连续长度大于 60m,还需设置风机盘管进行通风降温。

地面及高架车站公共区可设置开启外窗、自然通风排烟的方式。

3. 车站大系统工作流程

新风机从外界获取新风,通过通风管道进入混合风室,与回/排风机提供的回/排风混合,共同输送至组合式空调机组,经过过滤净化、湿度和温度调节、风力和风压调节及消音后送至车站公共区。车站大系统工作流程如图 5-2-4 所示。

4. 车站大系统火灾排烟模式

当车站站台层或站厅层发生火灾时,车站大系统进入火灾排烟模式,因火灾位置不同排烟方向不同,各风机开闭也不同。

当车站站台层发生火灾时,停止车站冷水系统工作,通过控制风管相关风阀的开闭情况向站厅层送风,不再向站台层送风,站台层进入排烟状态,站厅层对站台层形成的负气压阻止烟雾向站厅层蔓延,并形成了楼梯(扶梯)通道的逃生气流通道。其气流走向如图 5-2-5 所示。

当车站站厅层发生火灾时,停止车站冷水系统工作,控制风管相关风阀的开闭情况向站台层送风,不再向站厅层送风,站厅层进入排烟状态,站厅层对地面、站台层形成的负气压阻止烟雾向站台层蔓延,并形成了地面楼梯通道的逃生气流通道。其气流走向如图 5-2-6 所示。

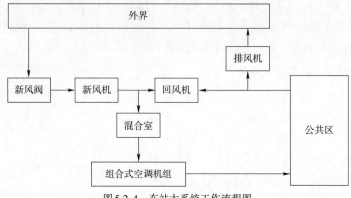

图 5-2-4　车站大系统工作流程图

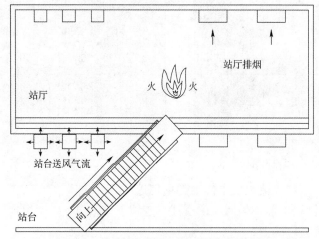

图 5-2-5　车站站台层发生火灾时排烟气流走向

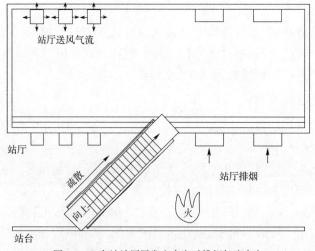

图 5-2-6　车站站厅层发生火灾时排烟气流走向

二、车站小系统

车站小系统是指车站内设备及管理用房的空调通风系统。车站设备及管理用房主要包括通信机房、信号房、变电所、环控机房等设备用房和车站控制室、站长室、站务室、会议室、卫生间等运营管理用房。

1. 车站小系统的功能

车站小系统通过对车站内各设备及管理用房的温度、湿度等环境条件的控制,为各种设备提供正常运行的环境,也为工作人员提供一个舒适的工作环境。在火灾发生时,通过机械排风方式进行排烟,有利于工作人员撤离和消防人员灭火。

2. 车站小系统设备及气流组织

车站小系统的环控设备因车站埋深情况不同有所区别。

1) 地下车站

设备管理用房采用全空气一次回风空调系统,设置空调机组及回/排风机,根据要求进行空气过滤和除湿降温处理。图5-2-7所示为车站小系统空气过滤器,图5-2-8所示为车站小系统除湿降温处理器。

图5-2-7 车站小系统空气过滤器

图5-2-8 车站小系统除湿降温处理器

设备管理用房气流组织一般采用上送上回方式,但对于发热量较高且有通风要求的电气设备房间,如工艺有特殊要求,可根据情况采用下送上回方式。

卫生间、清扫间、垃圾间等用房设置独立的排风系统。

2) 地面及高架车站

地面及高架车站的人员用房空调系统与设备用房空调系统一般是独立设置的。其中,车站控制室、会议室、票务室、休息室等人员用房采用舒适性的空气-水(风机盘管加新风)系统,为人员用房提供新风,满足人员和设备要求。

通信设备室、综合电源室、信号设备室、综合监控设备等电气电子设备用房一般采用全空气系统。该类重要设备房间的空调系统由2套独立的多联空调系统组成,每套系统各承担一半的空调负荷,以保证空调设备故障时工艺房间的最低环境要求。

污水泵房、卫生间等采用全通风系统,采用送、排风机通过和防火阀对此类房间进行通风换气。

3. 车站小系统火灾排烟模式

设备或管理用房发生火灾时,车站小系统按设定火灾模式运行,立即组织机械排烟或隔断火源和浓烟;与火灾区联通的内通道,设有排烟系统的立即进行排烟;着火区所在端的内走道和车站控制室立即进行加压送风;气体保护房间执行气体保护模式。

三、空调水系统

车站空调水系统是指采取机械方式制取冷(热)量,以水为介质的冷(热)量输送和分配至车站空调大、小系统,一般包括冷冻水系统和冷却水系统。

1. 空调水系统设备

空调水系统一般由冷水机组(图5-2-9)、冷冻水泵(图5-2-10)、冷却水泵、冷却塔(图5-2-11)、集水器、分水器及相关阀门(图5-2-12)组成。

图 5-2-9 冷水机组

图 5-2-10 冷冻水泵

图 5-2-11 冷却塔

图5-2-12 分、集水器及相关阀门

空调水系统一般设置群控系统,控制范围包括冷水机组、冷冻水泵、冷却水泵、冷却塔及相关阀门,冷冻水泵、冷却水泵及冷却塔与冷水机组一一对应,且水管及水阀布局可满足水泵、机组的交叉配对运转。

2. 空调水系统工作原理

空调水系统因冷冻水与冷却水的循环原理不同,其工作流程有所差别,工作原理简略图如图5-2-13所示。

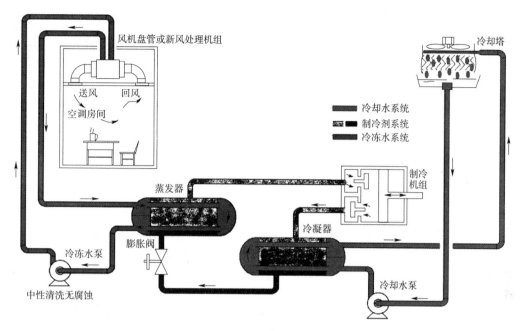

图 5-2-13　空调水系统工作原理简略图

(1)冷冻水循环原理。冷冻水释放热量给制冷剂变成有制冷效果的水,送到组合式空调机组以及风机盘管等设备内部,将混合室中的新风与回风冷却后送到站台、站厅以及设备用房。

(2)冷却水循环原理。冷却塔中的冷却水通过冷却水泵进入冷凝器,带走制冷剂的热量,通过冷却水泵送至车站上方的冷却塔中进行冷却,冷却完成后循环工作。

3.空调水系统运行模式

(1)正常运行模式。正常工况下,车站冷冻水系统为车站末端环控设备提供冷冻水。当末端设备负荷变化时,通过主机群控系统控制分、集水器之间的压差来控制冷冻水量,以满足车站实际冷负荷的需求。

(2)火灾运行模式。当车站发生火灾时,关闭车站所有空调水系统。

技能点 5-2-1　车站通风与空调系统日常操作及巡检

一、日常开关机

在城市轨道交通正式运营前,控制中心环控调度员统一开启车站通风与空调系统和隧道通风系统,系统默认为正常运营模式。车站通风与空调系统按照开机顺序自动启动,车站行车值班员在车站控制室现场确认车站通风与空调系统各设备开启状态,若存在异常,则系统会自动弹出对话框提示启动失败或错误代码。

在城市轨道交通线路最后一列车乘客乘降完成后,控制中心环控调度员按照夜间施工计划调整运营模式或关闭车站通风与空调系统。

二、日常巡检原则

车站大系统和小系统均包含风系统和水系统两个子系统,除日常运营一键开启和关闭之外,在日常巡检时两大子系统均具有独有的开关机顺序和连锁保护关系。日常巡检时应按照以下原则或连锁保护关系进行:

(1)通风系统应遵循"先开风阀、再开风机"的基本原则。当风阀不开时,风机则不开,若调节阀的开度大于50%,则默认为已开启状态;但在出现火灾等特殊情况时采用就地操作,则连锁保护失效。

(2)空调水系统应遵循"先开水阀、再开水泵""冷机最后开、最先关"的基本原则。日常巡检时进行开机检查的顺序为电动蝶阀—冷冻泵、冷却泵—冷却塔风机—冷水机组,关机检查顺序则为冷水机组—(5min 后)冷却塔风机—冷冻泵、冷却塔—电动蝶阀。具有连锁关系的设备在前一设备没有执行完毕时,后面的设备不会启动;同样,就地级操作具有最优先级,即在就地操作时连锁保护失效。

三、日常巡检的主要内容

车站通风与空调系统的通风系统和空调水系统两大子系统的功能不同,因而各子系统配置的设备也不同。

1. 通风系统设备

车站通风系统主要配备组合式空调机组、风机(含回/排风机、排烟风机、空调新风机等)、空气净化装置(含空气净化器、空气过滤器、除湿降温处理器等)、风阀(含组合式风阀、管道风量调节阀、防水阀等)、风管道系统及附件。其中,空气净化装置和风管道系统及附件设备不需进行日常巡检,只需进行计划性检修或故障修。车站通风系统主要设备日常巡检项目见表 5-2-1。

车站通风系统主要设备日常巡检项目　　　　表 5-2-1

巡检项目	作业内容	质量标准
组合式空调机组	(1)现场状况检查	控制柜指示正常,设备外观正常,无异常噪声及振动
	(2)检修门的密封性检查	无漏风
	(3)底盘漏水检查及清洁	无漏水
	(4)机体变形检查	无变形
	(5)积水槽积水检查	排水通畅
风机	(1)现场状态检查	控制柜指示正常,风机外观正常,无异常噪声及振动
	(2)外观检查	风机清洁,无杂物
风阀	(1)现场状态检查	开闭状态到位,执行机构电机不发热
	(2)BAS(Building Automatic System,环境与设备监控系统)监控状态检查	正常

2. 空调水系统设备

车站空调水系统主要配备冷水机组、冷冻/冷却水泵、冷却塔、风机盘管、水系统管道及附件(含各类阀门、过滤器、伸缩节、补水装置、压力表、温度计等部件)。

车站空调水系统的主要配件无须进行日常巡检,只需进行计划性维护或故障修。

技能点 5-2-2　车站通风与空调系统计划性维护

城市轨道交通车站通风与空调系统计划性检修修程主要分为季检和年检。不同城市轨道交通运营企业的检修修程有所区别,部分城市轨道交通运营公司的检修修程还包含月检。

一、通风系统设备

1. 组合式空调机组

组合式空调机组一般设置在车站两端的设备用房内,主要负责大、小系统的空调送风。组合式空调机组计划性检修修程的作业内容及质量标准见表 5-2-2。

组合式空调机组计划性检修修程的作业内容及质量标准　　表 5-2-2

修　程	作业内容	质量标准	周　期
季检	(1)检查整机内外形态和密封度	机身外壳无凹凸变形,基础支撑架无变形及锈蚀,软接无破损、开裂及漏风	每季度
	(2)风机检查	静态:风机叶轮和支架清洁,软连接无破损、机座减振器无偏移;动态:三相电流不平衡度不应超过 5%,无异常噪声	
	(3)检查压力表、温度计	显示准确,外观完好	
	(4)检查表冷器	清洁无尘、无锈蚀,无漏点	
	(5)检查减振器	减振功能良好	
	(6)检查传动机构	皮带轮的行度应满足技术标准,手动盘车时无异响,振动无异常;传动皮带松紧程度适当	
	(7)检查电动机	轴承润滑良好,绝缘电阻值不应低于 0.5MΩ	
	(8)各部件及紧固件检查	牢固可靠、无变形	
	(9)就地试运行 30min 以上	运行时电动机和轴承温升、声音、振动、风速应正常	
年检	(1)外观局部除锈补漆	整机外观良好,无明显积尘、无油污、无锈蚀	每年
	(2)检查导流板	其焊接部位牢固、无松动破损现象,导流器无明显锈蚀	
	(3)清洗表冷器翅片	整洁无灰垢	
	(4)检查电动机接线端子、接线盒密封性能	接线柱牢固,防松零件齐全,密封性能良好	
	(5)加注风机轴承润滑油	加注适量	

2. 风机

车站风机是车站重要的环境控制执行设备,主要包括送风机、排风机、小新风机、回排风机、专用排烟风机、排热风机等,正常工况下为站台、站厅及设备用房送风、排风,事故工况时开启相应模式功能进行排烟、加压送风等,参与救灾工作。风机主要安装在车站、变电所等设备用房内。风机计划性检修修程的作业内容及质量标准见表 5-2-3。

风机计划性检修修程的作业内容及质量标准 表 5-2-3

修 程	作业内容	质量标准	周 期
季检	(1)检查风机进出风管道软接头	无破损、漏风、螺钉无松脱	每季度
	(2)检查地脚螺栓、支吊架螺栓及减振器	安装牢固、无松动,减振器压缩量均匀一致	
	(3)检查风机电动机、叶轮及机壳等部件	无污垢、油渍,无破损、变形、无明显锈蚀	
	(4)检测电动机及电缆绝缘电阻	绝缘电阻值不低于0.5MΩ	
年检	(1)检查风机电缆固定情况	固定牢固	每年
	(2)检查电动机接线端子,接线盒密封性能	接线柱紧固,防松零件齐全,密封性能良好	
	(3)紧固风机吊杆及基础螺栓	紧固件、受力件牢固可靠	
	(4)加注风机轴承润滑油	加注适量	
	(5)风机外观局部除锈补漆	整机外观良好,无积尘、无油污、无锈蚀	

3. 空气净化装置

空气净化装置是指能够吸附、分解和转化各种空气污染物,提高空气质量的净化装置。空气净化装置计划性检修修程的作业内容及质量标准见表 5-2-4。

空气净化装置计划性检修修程的作业内容及质量标准 表 5-2-4

修 程	作业内容	质 量 标 准	周 期
年检	(1)检查部件	牢固可靠	每年
	(2)检查装置控制箱	清洁、完好,控制功能可靠	
	(3)检查装置线路	固定牢固、外观无明显破损	
	(4)检查装置功能	功能正常	

4. 风阀

车站通风系统风阀主要包括组合式风阀、管道风量调节阀和防火阀等,主要由阀片、阀框、连杆传动机构、密封条、执行器等部件组成。其中,组合式风阀主要安装在排热系统中;管道风量调节阀主要是安装在房间内风管和需要风量调节的风管之间;防火阀主要安装于有防火要求通风风管的管路上,起防排烟作用。风阀计划性检修修程的作业内容及质量标准见表 5-2-5。

风阀计划性检修修程的作业内容及质量标准 表 5-2-5

修 程	作业内容	质量标准	周 期
季检	(1)检查阀框	安装牢固,无变形、无明显锈蚀,无异物附着及明显灰尘	每季度
	(2)检查传动机构及执行器	外观无变形,连接牢固可靠,电动、手动动作灵敏	
	(3)检查与风机的联动功能	联动功能可靠稳定	
	(4)检查风阀密封条	密封条齐全完好	

项目5　通风与空调系统的运行与维护

续上表

修　程	作业内容	质量标准	周　期
季检	(5)检查防火阀的开关状态	处于正常开(关)状态	每季度
	(6)检查运行情况	运行时声音正常、无异常抖动、开关时间满足标准、开闭应与目标状态一致	
年检	(1)检查连杆传动机构关节	无卡阻,动作灵活	每年
	(2)防火阀开关动作试验	动作正常,信号反馈正常	
	(3)检查风阀关闭状态	关闭严密	

5.风管道系统及附件

风管是通风系统的一部分,是风机运行时空气按规定方向运行的通道,根据其功能不同可分为送风管道、排风管道、专用排烟管道等。风管道系统及附件计划性检修修程的作业内容及质量标准见表5-2-6。

风管道系统及附件计划性检修修程的作业内容及质量标准　　表5-2-6

修　程	作业内容	质量标准	周　期
季检	(1)检查风管软接及管道紧固情况	紧固,无脱离	每季度
	(2)检查管路漏风情况	无明显漏风	
	(3)检查风口及百叶窗的调节阀	安装牢固且无松动、异响,灵活无卡死	
	(4)检查余压阀(泄压阀)	安装牢固,叶片无变形,动作灵敏	
	(5)检查板式排烟阀(排烟口)	安装牢固,叶片无变形,动作应灵敏,信号反馈准确	
	(6)检查管道锈蚀情况,对锈蚀部分除锈补漆	无明显锈蚀,涂层均匀,色泽基本一致	
年检	对风管道内部进行清扫	清洁无尘	每年

二、空调水系统设备

1.冷水机组

冷水机组是通过对制冷剂系统的压缩和蒸发为空调系统提供冷源或热源的设备。冷水机组包括四个主要组成部分:压缩机、蒸发器、冷凝器、膨胀阀。冷水机组计划性检修修程的作业内容及质量标准见表5-2-7。

冷水机组计划性检修修程的作业内容及质量标准　　表5-2-7

修　程	作业内容	质量标准	周　期
年检	(1)清洁启动柜及控制箱内外	无明显灰尘	每年 (空调季前)
	(2)紧固接线端子	紧固,无松动、无变色	

续上表

修程	作业内容	质量标准	周期
年检	(3) 机组表面防锈处理	无气泡、无脱落	每年（空调季前）
	(4) 检查机组保温层	完好、无脱落	
	(5) 检查机组冷凝风扇	无明积灰尘，安装牢固可靠，运行正常	
	(6) 检查机组循环水回路	无泄漏现象	
	(7) 检查电气和压力保护装置	保护功能正常	
两年检	(1) 更换冷冻机油	油位正常	每两年
	(2) 更换油过滤器	安装良好	
	(3) 更换制冷剂过滤器	安装良好	
	(4) 清洁冷凝器	无积垢	

2. 冷却/冷冻水泵

冷却/冷冻水泵是为空调冷水系统中的冷却/冷冻水提供在管道系统内循环动能的离心泵。冷却/冷冻水泵计划性检修修程的作业内容及质量标准见表5-2-8。

冷却/冷冻水泵计划性检修修程的作业内容及质量标准　表5-2-8

修程	作业内容	质量标准	周期
年检	(1) 检查电动机接线端子、接线盒密封性能	接线柱紧固，防松零件齐全，密封性能良好	每年（空调季前）
	(2) 检查水泵电动机电气性能	正常	
	(3) 检查电动机轴承润滑情况	轴承润滑良好，运行温度升高正常	
	(4) 检查水泵密封性能	无明显漏水	
	(5) 检查水泵前后轴承	轴承和泵轴配合紧密，手动转动轴承无异响、无松动	
	(6) 测试冷冻冷却水系统水力参数	冷冻水、冷却水流量满足系统运行要求	
定时修	(1) 水泵解体检查	更换轴承，水泵叶片、密封应满足技术要求	每20000h
	(2) 电动机解体检查	更换轴承，线圈应清洁无尘，绝缘良好	
	(3) 水泵流量	应在正常范围内	

3. 冷却塔

冷却塔是以水为介质，利用冷却水泵的压力，将冷却水系统中的热量排放至大气中，降低冷却水的温度，是冷水系统的配套设备。冷却塔计划性检修修程的作业内容及质量标准见表5-2-9。

4. 水系统管道及附件

水系统管道及其附件是为冷却/冷冻水进行循环使用、流量控制的重要部件，包括水管、阀门、过滤器、伸缩节、补水箱、补水装置、压力表、温度计等部件。水系统管道及其附件计划性检修修程的作业内容及质量标准见表 5-2-10。

冷却塔计划性检修修程的作业内容及质量标准　　　　表 5-2-9

修　程	作业内容	质量标准	周　期
年检	（1）检查钢索	钢索螺钉应紧固，钢索和螺钉锈蚀应在标准范围内	每年（空调季前）
	（2）检查冷却塔填料	填料层应无堵塞、损坏、老化现象	
	（3）检查传动轮与扇叶	牢固可靠、无变形	
	（4）检查传动机构	皮带轮的平行度应满足技术标准，传动皮带松紧程度适当	
	（5）检查冷却塔塔体	冷却塔外壳应无破损变形和裂纹，安装应牢固	
定时修	（1）解体检查风机、电动机	内部应清洁，绕组对地绝缘值、相间绝缘值不应低于 0.5MΩ	每 20000h
	（2）更换风机、电机轴承	安装后轴承应无损伤，转动应灵活	
	（3）检查风机叶轮、电动机轴与传动键的公差配合	应满足技术标准	

水系统管道及其附件计划性检修修程的作业内容及质量标准　　　　表 5-2-10

修　程	作业内容	质量标准	周　期
年检	（1）检查管道、凸缘、伸缩节、补水装置	无明显锈蚀、无漏水，补水装置功能正常	每年（空调季前）
	（2）检查管道的自动排气阀	自动排气功能正常	
	（3）检查管道各类阀门	开闭功能正常，转动部件灵活可靠	
	（4）检查压力表、温度计	齐全完整，无明显锈蚀、显示准确	
	（5）检查管道支吊架	无明显锈蚀，牢固可靠	
	（6）检查水管道保温层	覆盖完整、无脱落、无凝结水	

技能点 5-2-3　车站通风与空调系统典型故障

城市轨道交通车站通风与空调系统在运行过程中除日常巡检和计划性检修外，因所处环境变化会出现一些常见问题，车站通风与空调系统的典型故障、故障原因及处理方法见表 5-2-11。

车站通风与空调系统的典型故障、故障原因及处理方法　　　　表 5-2-11

典型故障	原因分析	处理办法
（1）部分设备未启动	设备开关顺序有误或连锁保护关系受前面设备制约	按照正常设备开关顺序进行，检查连锁保护关系的设备开启情况
（2）送风或排风管、风口噪声过大	管道上没有正确安装消声器	正确安装消声器
	风机运行异常	检查风机运行状态
	风口百叶有异物或百叶松脱	排出风口百叶异物，紧固百叶固件

续上表

典型故障	原因分析	处理办法
(3)冷凝水滴落	保温层安装质量问题	检查保温层厚度及质量,安装严实
	送风管与周围空气温差过大	适当调节空调末端的冷冻水进水量,或转到小新风模式
(4)水泵噪声过大	轴承与联轴器对中不满足要求	检查轴承与联轴器对中情况
	管路空气排不出	水管高处安装排气阀
	水管与水泵见无软接安装或软接安装位置不合理	软接应于水泵平行安装
(5)水系统管路漏水、洒水	排气阀没有拧紧	拧紧排气阀
	水系统管路阀门没有拧紧	拧紧阀门
	冷冻水保温棉包扎不严实或漏包	包扎严实
(6)排烟效果不佳	排烟风口被遮挡	移走遮挡物
	风管不通	打开风管的防火阀、防烟阀
	排烟机为送风状态	改为排烟状态
(7)窜烟	排风道风管没有安装止回阀	加装止回阀
	分区压差错误	开启相应组合式空调机组

任务 5-3　隧道通风空调系统的运行与维护

1. 掌握区间隧道通风系统的运行工况及火灾排烟模式;
2. 认识区间隧道通风系统的主要设备;
3. 理解车站区间排热系统的气流组织方式。

1. 熟练进行环控人员或机电设备维护人员火灾情况下的操作程序;
2. 会进行区间隧道通风系统和车站区间排烟系统的日常操作。

1. 具备团队协作精神及与人沟通的能力;
2. 具有安全意识,有责任心。

知识点 5-3-1　隧道通风系统基础知识

城市轨道交通隧道通风系统一般由区间隧道通风系统(兼排烟)和车站区间排热系统组成。

一、区间隧道通风系统

区间隧道通风系统简称 TVF 系统,主要负责两个车站间区间隧道的通风、排烟和早晚换气、排出空气异味、改善空气质量,包括自然通风(即区间隧道活塞风)与机械通风两种方式。

区间隧道活塞风系统是利用列车在区间隧道运行时对隧道内空气的差压来进行通风换气,区间隧道的降温和区间列车车厢的新风必须依靠活塞风井进行换气。

区间隧道机械通风系统是在对区间隧道进行强制通风时在车站两端活塞风道内设置隧道风机,便于区间事故和火灾通风时使用。

1. 区间隧道通风系统的设备

区间隧道通风系统的主要设备有隧道风机(即 TVF 风机)、推力风机、射流风机、电动风阀、风井及活塞风亭等。区间隧道机械通风系统示意图如图 5-3-1 所示。

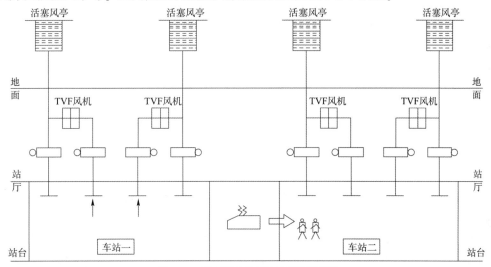

图 5-3-1　区间隧道机械通风系统示意图

其中,TVF 风机主要用于城市轨道交通线路区间通风,当列车阻塞或火灾时进行通风和排烟;射流风机一般悬挂在顶部或两侧用于隧道内的纵向通风;电动风阀是通过连杆的机械传动使各单元体做同步运动。

2. 运行模式

区间隧道的运行主要有正常运行、阻塞运行和火灾运行三种模式。

正常运行模式是当列车正常运行时,利用列车在隧道内高速运行产生的活塞效应从车站一端风井引入新风,经过区间隧道由下一站风井排风。

阻塞运行模式是当列车因故滞留在区间隧道时,区间隧道一端的事故风机为区间隧道送入新风,另一端事故风机将区间隧道内的空气排至地面,同时使区间内的气流方向与列车的行进方向保持一致。

火灾运行模式是当列车在区间隧道内发生火灾时,区间隧道一端的事故风机向火灾区间送风,另一端事故风机将烟雾经风井排至地面。在此模式下,要特别注意乘客的疏散方向与区间内的气流方向,保证乘客疏散区处于新风口。

3.列车火灾的处理

当列车在区间隧道发生火灾时,应尽可能将列车驶入车站,让乘客撤离。若因特殊情况列车停在区间隧道内,环控调度员必须配合行车组织切换环控运行模式,通常需要开启火灾区两端的TVF风机、射流风机,提供新风,引导乘客撤离火灾现场。但排烟方向需根据列车火灾部位来决定,列车发生火灾时的五种情况如下:

(1)列车头部着火且停在区间任意位置时,列车上乘客从车尾疏散,隧道通风方向与列车行车方向一致,如图5-3-2所示。

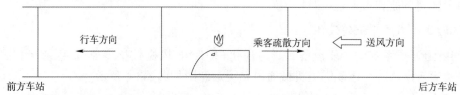

图5-3-2 列车头部着火且停在区间任意位置的疏散及通风方案

(2)列车尾部着火且停在区间任意位置时,列车上乘客从车头疏散,隧道通风方向与列车行车方向相反,如图5-3-3所示。

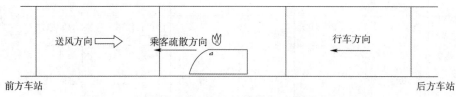

图5-3-3 列车尾部着火且停在区间任意位置的疏散及通风方案

(3)列车中部着火且停在近前方站,此时列车上乘客远离火源位置进行疏散,即列车头部乘客从前方车站疏散,列车尾部乘客从后方车站疏散;靠近前方车站的风机进行排烟,靠近后方车站的风机进行送风,送风方向与列车行车方向相同,如图5-3-4所示。

图5-3-4 列车中部着火且停在近前方站的疏散及通风方案

(4)列车中部着火且停在区间中部,列车头部乘客从前方车站疏散,列车尾部乘客从后方车站疏散,隧道通风方向与列车行车方向一致,如图5-3-5所示。

图5-3-5 列车中部着火且停在区间中部的疏散及通风方案

(5)列车中部着火且停在近后方车站时,列车头部乘客从前方车站疏散,列车尾部乘客从后方车站疏散;靠近前方车站的风机进行送风,送风方向与列车行车方向相反,靠近后方车站的风机进行排烟,如图 5-3-6 所示。

图 5-3-6　列车中部着火且停在近后方车站的疏散及通风方案

二、车站区间排热系统

车站区间排热系统简称 UPE/OTE 系统,是指在车站范围内的屏蔽门站台下和列车停车所在区域的轨顶设置排风道进行排热通风的系统。其排风设备一般布置在车站两端的排热风道内,每端设置一台,各自承担半座车站的轨顶排风和站台下排风。排风口的位置根据列车发热设备的位置确定,部分补风来自车站两端的活塞风井、相邻区间隧道和屏蔽门开启时的漏风。

1. 车站区间排热系统的设备

车站区间排热系统的主要设备有排热风道、排热风机、OTE/UPE 风机、防火阀及排风亭等。其中,排热风道含轨顶上部排热风道和站台下部排热风道,轨顶上部排热风道上设置成组风口,正对列车空调冷凝器,站台下部排热风道上设置成组风口,正对列车制动装置,可将列车停站时散发的热量直接从轨顶上部和站台下部排出。如图 5-3-7 所示为车站区间排热系统主要设备布置图。

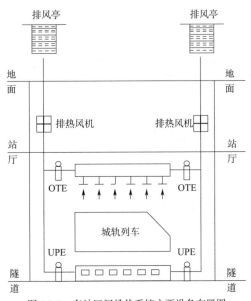

图 5-3-7　车站区间排热系统主要设备布置图

2. 运行模式

当列车正常运行停靠车站时,列车下部的制动发热量和轨顶的空调冷凝发热量由车站区间排热系统进行排热通风。

当列车在车站轨道内发生火灾时,环控调度员应立即在工作站上手动执行隧道通风系统车站隧道火灾模式,其他环控运行模式按站台火灾进行处理,即环控调度员应立即在工作站上手动执行大系统站台火灾模式、小系统全停模式。

技能点 5-3-1　隧道通风系统日常维护

一、区间隧道通风系统日常维护

1. 日常操作

正常情况下,区间隧道通风系统由 BAS 根据设定的时间表定时启动和关闭,控制中心环控调度员通过 ISCS(Integrated Supervisory Control System,综合监控系统)监控隧道通风设备按设定时间和设定模式运行。

(1)每天运营开始前半小时和运营结束后半小时执行早晚通风模式,对隧道及车站进行通风换气,排除积聚在区间隧道内多余的热量及水分。

(2)正常运行期间,隧道通风处于活塞风状态,由 BAS 根据室外气温运行于自然开式或自然闭式通风模式。

2. 日常巡视的主要内容

区间隧道通风系统中需要进行日常巡视的设备主要有射流风机、推力风机、TVF 风机和事故风机,其他风阀和风系统管道及附件和车站通风与空调系统检修项目及周期相同。由于区间风机房鲜少有人进入,受人为因素影响较小,因此区间隧道通风系统中的各风机不需每日进行巡视,只需每半个月巡视一次即可。表 5-3-1 所列为区间隧道通风系统主要设备日常巡检项目。

区间隧道通风系统主要设备日常巡检项目　　　　表 5-3-1

巡检项目	作业内容	质量标准
风机	(1)风机外观	外观完好,无异物侵扰
	(2)风机运行情况	运行正常,无异常振动、无异常噪声
	(3)风机与风管连接	软接头应完好,连接应牢固,无破裂、脱落
	(4)风机就地控制箱	外观完好,锁闭有效;指示灯状态显示和转换开关位置应正常
	(5)积水槽积水检查	排水通畅
风阀	(1)检查现场状态	开闭状态到位,执行机构电机不发热
	(2)检查 BAS 监控状态	正常

二、车站区间排热系统日常维护

1. 日常操作

正常情况下车站区间排热系统由 BAS 根据设定的时间表定时启动和关闭,控制中心环控调度员通过 ISCS 监控车站区间排烟系统按设定时间和设定模式运行。

当列车发出故障阻塞在车站区间时,控制中心环控调度员根据现场情况进行模式切换。

2. 日常巡视的主要内容

由于车站区间排热系统的 OTE/UPE 风机一般为轴流风机，故其日常巡视内容与车站通风系统的风机内容类似，主要包含以下内容：

(1) 外观检查；
(2) 现场状况检查；
(3) 电机接线检查；
(4) 减振器检查；
(5) 风机电动机、叶轮及机壳等部件检查；
(6) 电动机及电缆绝缘电阻检测。

项目 6　车站给排水系统的运行与维护

任务 6-1　车站给水系统的运行与维护

1. 掌握城市轨道交通车站给水系统的功能；
2. 理解城市轨道交通车站给水系统的设计原则；
3. 了解城市轨道交通车站给水系统的组成。

1. 能对城市轨道交通车站给水系统设备进行维护；
2. 能处理城市轨道交通车站给水系统突发故障。

1. 具备一定的职业素养；
2. 具备团队协作精神及与人沟通的能力；
3. 具有安全意识，有责任心，能吃苦耐劳。

知识点 6-1-1　车站给水系统基础知识

一、城市轨道交通给排水系统设计原则

城市轨道交通给水系统的主要任务是满足工程生产、生活用水。生产用水包括车站公共区域地坪等冲洗用水、车站设备用房洗涤盆用水、空调冷冻机的循环水、冷却循环系统补充水；生活用水主要指车站工作人员使用的卫生间、茶水间等用水。排水系统要及时排除生产废水、生活污水、隧道结构渗水、事故消防废水及敞开式出入口部分的雨水等。

城市轨道交通给排水设计主要遵循下列设计原则：
（1）节约用水、综合利用。
（2）给水系统设计须满足车站生活与生产对水量、水质和水压的要求。
（3）排水采用污、废（雨）分流制。
（4）水泵等给水排水设备的选型，本着尽可能采用国产设备，采用技术先进、安全可靠、经济合理和高质量的产品的精神。
（5）生活饮用水质须符合国家现行生活饮用水卫生标准；排入市政下水道的污水、废水，其主要水质指标必须符合有关市政接管水质标准。
（6）水泵按照常规设计，设置可曲挠橡胶接头、阀门、止回阀等；水泵基础设置减振装置。

(7)管道从出入口、风道或专用通道进出车站,不能随意穿侧墙(连续墙)。

(8)给排水管道应采用防止杂散电流腐蚀的措施。

(9)给排水设备的选型,采用技术先进、安全可靠、经济合理并经过实践运营检验的国产化产品,规格尽可能统一。

二、城市轨道交通给水系统

城市轨道交通地下车站的生产、生活给水管网是独立的内部供水系统,从两根接自市区的消防进水管中的任一根接出生产、生活给水管,一般采用DN70管径,单独设置水表后,进入车站,成枝状布置,保证车站生产、生活用水的水质、水量和水压。车站设有开水间,内设电加热开水器,以满足车站职工的饮水需要。在站厅和站台层公共区的两端各设一个DN25的冲洗给水栓,污水、废水泵房内均应设置冲洗水斗。

1. 用水量标准

工作人员生活用水量达50L/(人·班),时变化系数采用2.5~3.0;冷却水系统补充水按循环水量的2%~3%计,一般取2%;车站内站厅及站台层公共区清扫用水量按2m^3/天计;生产用水量和水压根据生产工艺确定;各附属建筑物及站台层公共厕所用水量和水压按《建筑给水排水设计标准》(GB 50015—2019)确定。由于受客流量、乘客停留时间等诸多因素的影响,站内公共厕所使用人数变化幅度较大难以确定,公共厕所用水量标准根据经验值通常取20m^3/(天·处)。

2. 用水压力要求

城市轨道交通车站绝大多数是地下建筑,城市管网地面自由水压力一般不低于0.1~0.2MPa,可以满足车站生活和生产用水要求。因此,凡是地下车站,一般均无须设置生活和生产用水加压泵。地面及高架车站需核算市政供水压力,不能满足用水要求的车站应设增压设施,一般采用变频泵供水。

3. 冷却循环给水系统

地下车站需设置冷却循环给水系统。冷却循环系统主要由冷却塔、循环水泵、补充水和管道及配件组成。冷却循环水泵布置在车站的冷水机房内,冷却塔一般设置在车站主体结构的地面上。根据环控专业提供的冷冻机组所需循环水量和冷却塔规格数据要求选择节能、低噪声(不大于68dB)高效率冷却塔。目前大部分选用逆流开式玻璃钢冷却塔,一般规模的车站冷却塔(水量约120m^3/h),每台占地面积约为2.5m×5m,高度约4.5m,机器质量1~2t。冷却塔基础设计时应考虑其运转重量,一般为自重的2.5倍左右。基础制作应保证水平,以免影响运转性能。冷却塔台数与冷却循环泵台数对应,一般至少两台,不考虑备用。从生产、生活给水管上引出一根支管作为冷却循环补充用水,接至冷却塔。

4. 进出车站的给排水管道布置要求

(1)给排水管道不能穿过连续墙,宜在出入口或风井部位布置,因城市轨道交通车站连续墙厚度近1m,预留空洞会给结构工程带来不便。

(2)给水管道严禁跨越通信和电器设备用房。

(3)给水干管最低处设置泄水阀,最高处设置排气阀,排气阀一般设于设备用房端部没有吊顶的部位。

(4)给水干管穿越沉降缝处,宜设置波纹伸缩器。

(5)由于生产、生活给水管一般采用塑料管材,塑料管材的线胀系数大,城市轨道交通车站站厅、站台层长度一般在100m以上,管线布置时要有效地减少或克服管道线性变化值。在可能暗敷的场所尽量采用暗敷的安装方式,管道直线长度大于20m时应采取补偿管道涨缩的措施,支管与干管、支管与设备的连接应利用管道折角自然补偿管道的伸缩。当不能利用自然补偿或补偿器时,管道支架均应为固定支架。管道支架不仅起管线固定的作用,还要求能承受管线因线性膨胀而产生的膨胀力,其间距应比传统的镀锌钢管小得多。

(6)对于地下区间的给水干管的布置,当为接触轨供电时,应设在接触轨的对侧;当为架空接触网供电时,可设在隧道行车方向的任一侧,管道和消火栓的位置不得侵入设备限界。

5. 消防给水系统的组成及功能

车站的消防给水主要供给车站及相邻区间的消防用水。消防给水系统由水源(城市自来水)、消防地栓、水泵结合器、消防水泵、管道、阀门、消火栓(喷头)、水流指示器等组成。消防地栓为消防车提供水源,根据环境条件,可分为地上式、地下式和墙壁式。水泵结合器的一端由室内消火栓给水管网引至室外,另一端井口可供消防车或移动水泵站加压向室内管网供水,在断电或消防水泵故障时保证车站消防给水,与室外消防地栓的距离在15~40m。

车站站厅、站台、区间隧道和设备区域均按规范设置具有手动报警按钮和电话报警的消防栓箱。站厅、站台及通道的消防栓箱内放置两个DN65mm单头单阀消火栓,两盘25m长的水龙带,两支DN19mm多功能水枪,一套DN25mm自救式软管卷盘;车站设备区域的消火栓箱内放置一个DN65mm单头单阀消火栓,一盘25m长的水龙带,一支DN19mm多功能水枪和一套DN25mm自救式软管卷盘;区间隧道每隔50m距离设置一个消防箱,箱内放置两个DN65mm单头单阀消火栓,两盘25m长的水龙带,一支DN19mm多功能水枪,或每隔50m设一个消火栓头,隧道两端各设两个900mm×600mm×240mm的消防器材箱,里面装有25m长的水带及DN19mm多功能水枪等消防器材。消防给水系统的管网压力能满足消防水压、水量要求时,不另设加压系统;否则,需设消防水泵进行加压。

车站的消防干管布置成环状,并与区间消防管网连接。按消防要求,车站两条与市政供水管网连接的引水管上设闸阀,水表前设室外消火栓。区间消防管端头设电动蝶阀和手动蝶阀旁路,平时电动蝶阀关闭,手动蝶阀开启2%,一旦区间发生火灾,设备监控系统(Equipment Monitoring Control System,简称EMICS)开启电动蝶阀,保证区间消防水压和水量。

(1)地下车站的消火栓用水量按20L/s计算。

(2)地下人行通道消火栓用水量按10L/s计算。

(3)消防按同一时间发生一次火灾计,火灾延续时间为2h。

(4)消火栓的布量应保证有两只水枪的充实水柱同时到达室内任何部位,每股水柱不小于5L/s。

(5)站厅层、设备区及人行通道采用单口单阀消火栓,间距不大于30m;站台层公共区采用双口双阀消火栓,消火栓间距为40~50m。

(6)区间隧道内每隔50m设置一个DN65mm双头消火栓,只设消火栓口,不设消火栓箱,并在车站站台端部适当位置各设置两套消防器材箱(内设消防水龙带及水枪),供区间消防使用。

(7)在车站两端站顶地面风亭附近靠近道路一侧,各设置一套地上式消防水泵接合器,并在地面引入管距离消防水泵接合器40m范围内,总接入管水表井前各设置一个与其供水量相当的地上式室外消火栓。室外消防利用市政现有的消火栓设施。

(8)为了避免公共区的消火栓凸出墙面,消火栓箱及支管暗敷于墙内;人行通道则在侧壁上预留足够安装消火栓及支管的凹位。

(9)车站公共区及设备区应设置手提灭火器箱,根据《建筑灭火器配置设计规范》(GB 50140—2005)的要求,地下车站灭火器箱的设置按严重危险级、A类火灾、保护距离小于15m计算确定。增配系数为1.3,减增配系数为0.9。每个灭火器箱内设置两具MF/ABC5磷酸铵盐干粉灭火器,每个灭火器箱配置自救面具两套。

技能点6-1-1　车站给排水系统的运行管理

一、运行管理组织及有关人员职责

城市轨道交通车站给排水系统运行管理由专业工程师总负责,设置给排水维护专业工班。专业工程师负责编写各系统设备的操作、维护规程及维护周期,制订设备的维护计划和材料计划等,经上级主管部门审核通过后,按管理范围划分由各相应工班负责执行。给排水维护专业工班主要负责给排水与水消防设备的运行管理与维护。

给排水系统运行管理人员岗位职责如下。

1.专业工程师工作职责

(1)接受上级的领导,负责本专业技术和技术管理工作。
(2)负责制订、组织、实施、检查本专业工作目标和生产计划及其完成情况。
(3)负责本专业维护文本、规章、制度等编制、修订、完善工作。
(4)负责本专业技术资料、图纸等的收集、整理、核对、修改、完善工作。
(5)负责解决本专业生产中的技术难题,为维护人员提供技术支援。
(6)负责检查本专业安全生产情况。
(7)负责对本专业维护人员和其他相关人员进行技术和技术管理的培训。

2.工班长工作职责

(1)接受上级的领导,服从专业工程师的工作安排。
(2)负责协调不同专业、工班之间工作及专业内工班间的交接工作。
(3)负责安排本工班员工工作。
(4)负责本工班班组工器具、维护材料及元器件的领用、借用和保管。
(5)负责向车间提供本工班巡视、维护报表。
(6)负责向车间、专业汇报本班组工作情况。
(7)负责本工班员工工作安全和人身安全。

(8)负责收集和向上反映本工班员工意见和建议。

(9)负责组织本工班员工学习和参加各项活动。

(10)负责带、教本工班新员工熟悉本职工作和本专业知识。

(11)负责本工班员工工作考评。

(12)为本工班安全生产责任人。

3. 给排水维护人员工作职责

(1)接受工班长的领导。

(2)做好本专业所辖设备维护、巡视工作,填写相关报表、记录。

(3)领用、保管个人工器具。

(4)按要求做好安全生产工作。

(5)钻研业务,接受培训。

(6)参加公司、本专业、本工班组织的学习和活动。

(7)向上级、本专业、本工班组提出、反映本人建议和意见。

(8)参与专业、工班员工工作考评。

二、运行管理的有关要求、规程和制度

要对设备运行进行有效管理,及时发现系统设备运行异常现象,并在保证安全和不影响正常运营情况下,及时进行维护,以确保系统正常运行。在运行管理中,要注意以下几点:

(1)给排水专业设备由给排水技术管理人员和维护人员负责。

(2)工班负责做好日常巡视工作,并填写相应巡视记录,如遇故障必须及时处理和汇报。

(3)区间泵房、雨水泵房为重点运行管理对象,按维护计划安排进行。

(4)记录各站和车辆段每月水装读数,并向生产调度汇报。

(5)牢记安全操作事项及用电安全。

(6)地面站的消防泵每3个月启泵一次。

(7)各车站的水源均为两路供水,电动蝶阀须每3个月定期轮换一次。

(8)对于损坏、偷盗消防设备的情况,必须向有关部门及时汇报。

(9)进入区间隧道巡视,需向生产调度申请,经批准后方可进场工作。

三、车站给排水系统的巡视

车站给排水系统巡视内容如下:

(1)仪表工作是否正常、稳定。

(2)水泵控制、显示是否正常。

(3)管道、消火栓、水泵接合器是否漏水,水泵接合器盖、水枪、水带是否被盗。

(4)检查区间管道支架螺栓是否松动,柔性卡箍、伸缩节是否严重变形,区间消防栓箱门是否打开,消防栓是否漏水。

(5)是否有杂物堵住区间排水沟和集水井进水口。

(6)地面压力、化粪池是否被覆盖,盖板是否破损。

(7)设备及周围环境卫生情况是否良好。
(8)水泵螺栓连接是否完好。
(9)电动蝶阀动作与反馈信号是否正常。
(10)水泵启动是否频繁。

四、给排水系统的应急处理

1. 给水系统应急处理

1)现象一:发现故障水泵

(1)发现或接报生活水泵有故障时,值班人员应立即停止故障水泵运行,开启备用水泵。

(2)水泵的变频器发生故障时,应立即关闭变频器,由专人手动操作控制水泵,根据管网压力控制水泵启停。

(3)及时报告主管工程师安排维修。

2)现象二:垂直管网漏水

(1)发现或接报垂直管网漏水时,值班人员应立即关闭故障区域的水泵。

(2)排空管网的积水后,更换或修补破损管道。

(3)如一时无法修复,应报告主管工程师。

3)现象三:地下水池出水管漏水

(1)发现或接报地下水池进水管漏水时,值班人员应立刻关闭水池出水阀和水泵。

(2)即刻通知主管工程师,由其安排维修,并在事后写出维修报告。

2. 排水系统应急处理

1)现象一:污水井故障

(1)发现或接报污水井水位过高时,值班人员应立即手动开启污水泵抽水。

(2)污水泵故障,则立刻使用备用潜水泵将水抽至室外排污管道。

(3)即刻报告主管工程师,由其安排维修水泵或控制电路,并于事后写出维修报告。

2)现象二:给排水故障

(1)给排水系统出现故障后,主管工程师应预计修复时间。

(2)对于4h可修复的故障,由车站中心通过车站广播通知车站乘客。

五、应备的记录

应备的记录和技术资料主要有:设备巡视记录、设备维护记录、设备运行记录、竣工图、隐蔽工程资料、产品说明书、培训手册、维护操作手册、设备技术参数标准、维护标准、维护规程等。

任务 6-2　车站排水系统的运行与维护

1. 掌握城市轨道交通车站排水系统的功能;

2. 理解城市轨道交通车站排水系统的设计原则;
3. 了解城市轨道交通车站排水系统的组成。

1. 能对城市轨道交通车站排水系统设备进行维护;
2. 能处理城市轨道交通车站排水系统突发故障。

1. 具备一定的职业素养;
2. 具备团队协作精神及与人沟通的能力;
3. 具有安全意识,有责任心,能吃苦耐劳。

知识点 6-2-1　车站排水系统基础知识

城市轨道交通工程排水系统采用分流制,分为污水、废水、雨水系统。原则上采用分类集中,经泵提升经压力窨井后,就近排入市政下水道。污水须设置污水检测井。排水水质必须符合有关排放标准。

生产、生活和消防的排水量分别按照以下标准和基本原则进行计算:工作人员生活排水量 50L/(人·班),时变化系数采用 2.5~3.0;生活及清扫排水量按用水量的 95% 计算,结构渗水量按 1L/(m^2·天)计。消防废水量与消防用水量相同。

隧道出入口雨水量按重现期为 30 年一遇的暴雨强度计算,高架及地面站雨水量按暴雨重现期为 4 年计算。

1. 车站排水

1) 污水系统

污水仅为车站工作人员和乘客卫生间所有卫生器具排水。站内卫生间污水通过管道排入污水泵房内的污水集水池,其有效容积不大于 6h 污水量,集水池底面设 0.1% 坡度的坡向集水坑,集水池顶板上设有透气管并要求环控专业在泵房内设置排风口。污水集水池设在卫生间附近且在污水泵房内,污水泵应带有反冲洗装置。污水经潜水排污泵抽至室外压力窨井后,经污水检测井后排入城市污水管道。一般设置 2 台潜污泵,一备一用。

2) 车站废水系统

车站废水包括隧道结构渗水,站厅、站台地面冲洗水,环控机房和各类排水泵房洗涤盆排水以及消防废水。

车站主排水泵房设置在车站内线路最低点,一般结合车站端头井布置。泵尺寸不宜小于 3m×4m,集水池有效容积不小于 10min 内隧道结构渗水量和消防废水量之和,且不小于 30m^3。废水泵房一般设置两台泵,一备一用,特殊情况下可按照两用一备设置 3 台泵。例如,上海市轨道交通 1 号线的新闸路站和黄河路站,分别位于苏州河两旁,两站废水泵房内均设 3 台泵,按两用一备设计。潜水泵应带有反冲洗装置。

污水、废水泵房内分别设置冲洗龙头。站厅和站台的地面冲洗废水、消防废水由设在站厅的地漏汇集,站厅层两侧每隔 50m 左右及在一些有排水要求的设备用房布置地漏,并通过

De110排水立管接入线路道床排水沟。站台层可以不设地漏,直接从站台溢入两边线路道床明沟,站台板下的地坪应有2%的坡度面向道床明沟及废水泵房。茶水间废水通过排水管道排入线路道床明沟。出入口通道和站厅连接处设置横截沟,沟内设置De110地漏,其排水立管接至道床明沟。隧道结构渗水经侧墙泄水孔排入线路道床明沟,汇集至废水集水池(池内设吸水坑,池底以不小于1%的坡度面向吸水坑)。由废水泵房的潜水废水泵提升都室外压力窨井,然后排入城市下水道。

3)车站雨水系统

车站敞开式出入口的设计雨水量按照30年一遇的暴雨重现期计算,高架区间雨水设计重现期采用4年。敞开式出入口的自动扶梯下面设集水抗和面水排出潜水泵,一备一用。泵提升雨水经压力窨井后,再排入市政雨水管道系统。

2. 排水泵的设置

线路最低处设区间主废水泵站,中间风井处设辅助废水泵站,隧道洞口设雨水泵站,卫生间处设污水泵房,最低处设主废水泵房,出入口自动扶梯下、局部下沉地段设局部废水泵房。

3. 地下车站的排水方式

地下车站主要有以下四个独立系统:

(1)地下车站废水通过设在站厅、站台的地漏,排入车站轨道两侧明沟和站台板下排水沟后,汇集至车站端头废水池内由排水泵提升,排入市政排水管道。

(2)污水由厕所的下水管道汇集至污水池,然后由排污泵提升排入城市污水管道或地面化粪池。

(3)出入口雨水汇集至出入口的集水后,由排水泵提升排入市政排水管道。

(4)地下结构渗漏水汇集于就近的集水池,由排水泵提升排出车站。

城市轨道交通车站排水系统的运行与维护内容见技能点6-1-2。

无论平时和战时,城市轨道交通都应充分发挥其交通作用,成为兼顺人民防空的交通工程。鉴于此,一是沿线人民防空工程规划应与城市轨道交通相连通,使城市轨道交通更能充分发挥战时的疏散干道和连通道的作用;二是战时防护和平时使用相结合;三是战时的内部设备充分利用平时已有的设备。城市轨道交通工程有许多有利条件,例如埋深较深、有较高的结构强度等,充分利用这些条件,可以降低兼顾人民防空设计所增加的费用。

兼顾人民防空设计范围应包括地下车站、地下区间、地下车辆存放库、地下主变电所等相关地下设施。但地下车站形势较复杂,有些车站一半在地面、一半在地下;还有些车站中间做敞开式的天窗,此时,可视各条线路的地理位置及具体情况,确定设防与不设防。

(1)给水系统的设计应优先利用城市给水管网和城市轨道交通工程平时给水系统供水,战时各防护单元应自成独立系统。

(2)每个车站加一个区间隧道作为一个防护单元。车站作为战时人员临时掩蔽部,掩藏人数按1000人设计。战时水箱容量按每人每天3L,保障给水天数为5天。每个防护单元水箱有效容积$15m^3$(如$3m\times 2m\times 2.5m$)。水箱采用食品级玻璃钢水箱,每个水箱设4个水龙头。水箱水源从车站内的给水管上接入,水箱排水管排至水箱附近的地漏,地漏排向废水泵房,由废水泵房内的泵提升至室外排水管网排出。

(3)人员饮用水也可储存桶装纯净水或矿泉水,并按每50~100人/台配置饮水机。

(4)设计施工时要预留、预埋好进水管、排水地漏及排水管等各种预埋件,进水管管径DN50mm,废水经水箱附近的地漏排向平时使用的废水泵房,由废水泵房内的泵提升至室外排水检查井。

(5)进出城市轨道交通(含车站及区间隧道段)的给水管、消防水管、循环冷却水管、压力排水管等均应在人防工事内侧设防护阀门,防护阀门工作压力不小于1.0MPa。防护阀门应设在便于操作处,并应用色漆做明显标志。在穿越人防密闭墙、密闭门框框墙、临空墙、防护单元隔墙等处必须预埋密闭套管。平时,可不安装防爆波闸阀,在相应位置设置同直径同长度短管,临战前换装防爆波闸阀。

(6)进、出城市轨道交通的消防管、循环水管均可在人防工事防护密闭门内侧安装一段凸缘短管及可曲挠橡胶接头,临战时拆下凸缘短管,用堵头封堵。

(7)人防出入口需设洗消污水集水井,集水井可与平时排水井(如自动扶楼集水井)相结合,人防出入口的密闭通道地面上应设洗消排水口,收集洗消污水排向洗消污水集水井,洗消污水的排放可利用地铁集水井中的废水泵排出。若平时不设废水泵,洗消污水的排放可由人防专业队伍解决。

(8)每个战时出入口内设一个供墙及地面冲洗用的冲洗龙头,冲洗水管可从给水管或消火栓给水管上接入,管径可采用DN25mm,冲洗水管在穿越密闭墙处设密闭套管,并在人防工事内侧(指密闭门后的人防清洁区)设工作压力不小于1.0MPa的阀门,冲洗水管在染毒区平时接堵头、战时接冲洗龙头。

(9)人防范围内的给水管、洗消排水管采用缓管钢管,以丝扣连接。给水管、消防水管、循环冷却水管、冷冻水管等穿过地铁外墙时应采取防震、防水措施。

(10)区间排水柔房的排水管排出方间,应在车站不设防护隔断门一端的端头井内引出排至地面。

(11)人防内污水、废水系统采用压力排水方式排出人防,但在隔绝防护时,车站人防内不得向外排水。

(12)对于穿越人防的膨胀水管,在人防内侧应加装工作压力不小于1.0MPa的闸阀,并在穿越处设密闭套管。

项目7 车站站台门系统的运行与维护

任务 7-1 站台门系统概述

1. 掌握站台门系统的设备构成；
2. 理解站台门系统的功能作用；
3. 了解站台门系统的基本设计原则。

1. 具备良好的职业素养；
2. 具有严谨的学习态度和工作精神；
3. 具备团队协作精神及沟通交流的能力。

知识点 7-1-1 站台门系统的分类与功能

一、站台门系统的定义

站台门系统安装于地铁、轻轨等车站的站台边缘，将轨道与站台候车区隔离，设有与列车门相对应，可多级控制开启与关闭滑动门的连续屏障，如图 7-1-1 所示。

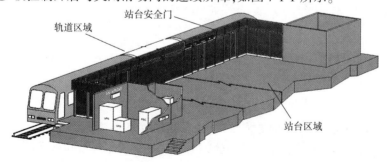

图 7-1-1 站台门系统示意图

二、站台门系统的分类

站台门系统按封闭形式不同，可分为封闭式站台门和开放式站台门。

1. 封闭式站台门

封闭式站台门一般安装于地下车站，是具有密封性能的城市轨道交通站台门系统，通常被称作"屏蔽门"。它不仅具有保证乘客安全的作用，同时还将区间隧道内气流与车站内气流隔

图 7-1-2 封闭式站台门示意图

断,达到节能的目的,这种结构多运用于设有空调系统的站台。封闭式站台门如图 7-1-2 所示。

2. 开放式站台门

开放式站台门又称安全门,分为全高安全门和半高安全门两种形式。

(1)全高安全门。全高安全门的门体结构高度超过人体高度,但门体顶部距离站厅顶面仍然有一段不封闭空间,属不具有密封性能的城市轨道交通站台安全门,其总体高度为 2050mm。全高安全门如图 7-1-3a)所示。

(2)半高安全门。半高安全门主要安装于地铁、轻轨等城市轨道交通地面或高架车站,门体结构高度不超过人体高度,属不具有密封性能的城市轨道交通站台安全门,其总体高度为 1500mm,主要目的为保障乘客安全候车。半高安全门如图 7-1-3b)所示。

a)全高安全门

b)半高安全门

图 7-1-3 开放式站台门示意图

三、站台门系统的功能

1. 保障安全

站台门将站台与隧道区间有效隔离,杜绝了乘客或物品因列车进站产生的活塞风而吸入隧道区间的安全隐患,保障了候车乘客及车站工作人员的安全。

2. 节约运营成本

(1)对于采用封闭式站台门的地下车站,由于空调风不再散失到隧道中去,不仅大幅节省了空调系统的用电量,同时由于对空调系统的容量要求减小,也降低了空调系统的初期投资费用。

(2)减少了对站台工作人员的数量要求,节约运营的人员成本。

3. 舒适环保

站台门能够减少列车进站和离站时所带来的噪声、活塞风、灰尘等影响,使乘客候车环境更清洁、安静、舒适。

4. 树立城市形象

站台门系统自动化程度高,提高了乘客的乘车体验,有利于塑造国际化大都市的形象。

知识点7-1-2　站台门系统的设备构成及作用

一、站台门系统基本设计原则

(1)站台安全门要根据列车具体编组形式、停车精度要求、采用的车体类型(A型车、B型车)、列车运行速度及当地气候条件(温度、湿度、风压、地震条件)等资料进行综合设计。

(2)站台安全门应设置在车站站台边的有效站台长度范围以内,以有效站台中心线为基准向两端对称布置。

(3)安全门在站台边缘的设置和外形尺寸任何时候不得侵入列车行驶动态包络线,安全门系统的任何构件在轨道侧应满足设备限界要求。

(4)车站设置安全门时,安装尺寸应考虑在门体弹性变形状态下,屏蔽门最外突出点至车辆限界间有不小于25mm的安全间隙。

(5)站台安全门最大运行强度一般保证至少每2min开闭1次,每天可连续正常运行20h,每年可连续运行365天。

二、站台门系统设备构成及作用

站台安全门一般由机械结构和电气结构两大部分构成。

1. 机械结构

机械结构包括门体结构和门机驱动系统。

1)门体结构

门体结构主要由灯箱、门状态指示灯、立柱、踢脚板、门槛、门本体等部分组成。

(1)顶箱。顶箱上一般会设置一些导向标志,但其主要功能是对内部零件进行密封保护,并采取防电磁干扰措施。从材料选择和密封设计上来讲,顶箱既能减振,又能有效地屏蔽外界的电磁干扰。

(2)门状态指示灯。门状态指示灯通过显示颜色、显示方式(常亮、闪烁等)来表示安全门所处的状态。

(3)立柱。立柱及其下面的底座是主要承重结构,底部通过绝缘件与站台板进行螺栓连接,既保证牢固可靠,又可以保证安全系统与站台板地面绝缘隔离。

(4)踢脚板。踢脚板采用的是不锈钢材料,主要是用来防止乘客有意或无意地踢脏或踢碎门体玻璃。

(5)门槛。门槛一般采用铝合金材料,并在表面上用一种凸凹结构做防滑处理。门槛位于所有滑动门的下端,因为这些地方是乘客最有可能踏过的区域,其主要作用是保护乘客经过时不会摔倒,同时防止乘客触电。

站台门门体结构示意图如图7-1-4所示。

(6)门本体。门本体是机械结构中最重要的部分,一般可分为四类:滑动门、端门、固定门和应急门。门本体结构示意图如图7-1-5所示。

①滑动门(Automatic Sliding Door,简称ASD)。滑动门是指在列车进站时可以和车门同时

开/关的门,其数量应与列车客室车门数量一致,并具有障碍物探测功能。正常情况下,滑动门的开/关应由门机驱动机构操作,由牵引控制单元(Drive Control Unit,简称DCU)控制。滑动门上设有手动开门扳手,紧急情况下,轨道侧的乘客可从轨道侧手动开门,工作人员可从站台侧使用专用钥匙解锁开门。

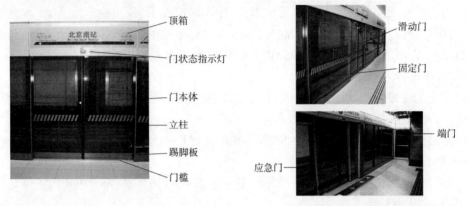

图7-1-4 站台门门体结构示意图　　图7-1-5 门本体结构示意图

②应急门(Emergency Egress Door,简称EED)。应急门是在紧急情况下供乘客逃生的门。一般来说,每节列车车厢都对应有一道应急门,在紧急情况下乘客能在轨道侧手动打开逃生。应急门上设置推杆可以将门扇旋转90°推向站台方向。

③端门(Manual Secondary Door,简称MSD)。端门位于站台的两个端头,将乘客区与设备区分开。正常情况下由列车司机或车站工作人员手动开门。端门在轨道侧设有手动开门推杆,在站台侧设有门锁和隐蔽的开门机构。

④固定门(Fixed Door,简称FIX)。固定门设在双扇滑动门之间。根据滑动门的间距,在满足门本体结构强度、刚度的前提下,一般采用整体固定门。

2)门机驱动系统

门机驱动系统主要由驱动电机、传动装置和锁紧装置三部分组成,其中,常见的传动装置有皮带传动和丝杠螺母传动两种,后者因其工作可靠性高和噪声低等优点逐渐被广泛使用。门机驱动系统示意图如图7-1-6所示。

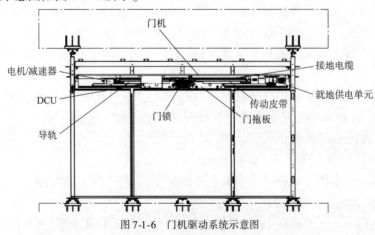

图7-1-6 门机驱动系统示意图

2. 电气结构

电气结构包括控制及监视系统、电源系统。其中，控制及监视系统包括站台门控制器（Platform System Controller，简称 PSC）、就地控制盘（Platform Screen Doors and Local Control Panel，简称 PSL）、综合后备盘（Integrated Backup Panel，简称 IBP）、就地控制盒（Local Control Box，简称 LCB）、DCU 等设备。

1）控制系统

（1）中央接口盘（Platform Station Controller，简称 PSC）。PSC 设置在站台一端的屏蔽门设备室内，包括至少两个单元控制器，分别控制两侧站台的屏蔽门。PSC 如图 7-1-7 所示。

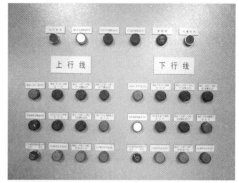

图 7-1-7 PSC

（2）IBP。IBP 放置在城市轨道交通车站综合控制室内。当出现车站值班操作员在车站设备服务器或者人机界面出现故障时，通过 IBP 对本车站进行应急管理；或在紧急情况下直接操作 IBP 上按钮、钥匙开关等，采用人工介入方式进行运行模式操作和某些设备的远程单动操作。IBP 如图 7-1-8 所示。

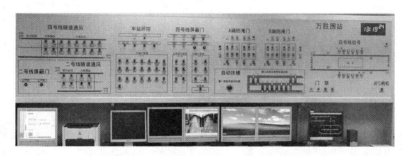

图 7-1-8 IBP

（3）PSL。PSL 设置于每侧站台的列车始发端站台上，方便列车司机和站台工作人员操作的位置。在系统级控制失效时，供列车司机或站台上的工作人员向各 DCU 发出开、关门指令，实现站台级控制。PSL 如图 7-1-9 所示。

（4）LCB。LCB 包括自动/手动/隔离三位开关以及相应控制按钮（也可采用自动/手动关/手动开/隔离四位开关）。每个门单元设置一套，位于 DCU 附近或与 DCU 结合设置。LCB 如图 7-1-10 所示。

（5）门控单元。门控单元设置在全高封闭式屏蔽门滑动门上方的顶箱内和半高屏蔽门的固定侧盒内。每道滑动门设 1 套，能够接收信号系统、IBP、PSL 各控制点发来的开/关门控制命令，控制门的运动，并采集和发送门状态信息及各种故障信息。门控单元如图 7-1-11 所示。

2）监视系统

站台门操作指示盘（Platform Supervisions local alarm panel，简称 PSA）能监视控制系统各设备的运行状态，能实现系统内部信息的收发、采集汇总和分析，以及与 PSC、PSL、DCU 等设备之间的信息交换。PSA 具有存放数据和软件的存储单元，具有运行监视功能和自诊断功能。

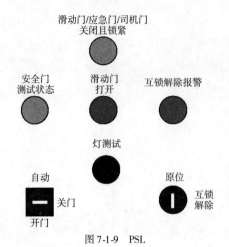

图 7-1-9　PSL　　　　　图 7-1-10　LCB

PSA 具有设备维护、故障查询和故障定位功能,通过现场总线在线监视所有门机控制器的工作运行状况和故障状态信息,能够监视站台端头控制盘的工作状态和故障状态信息(图 7-1-12)。

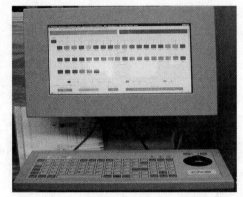

图 7-1-11　门控单元　　　　　图 7-1-12　PSA

3)电源系统

站台门系统属于一级负荷标准,即供电专业向站台门系统提供两路独立的三相 380V 交流电源,电源须经隔离变压器隔离后送至各道滑动门。供电电源采用驱动电源和控制电源分开设置,相互独立,配备独立的蓄电池组。

为增加车站美观度,地下车站封闭式屏蔽门门体顶箱上设置照明灯带,与站台后门系统用电分开配备照明灯带电源设备。

对应每节车厢的四道滑动门,至少分四路进行交叉配电,以保证其中一路电源故障时,其他三道滑动门能可靠供电。

站台门系统应配有不间断电源(Uninterruptible Power Supply,简称 UPS)和蓄电池组作为备用电源。正常情况下,由交流配电箱供电。当事故停电时,由 UPS 和蓄电池组对站台门系统供电。备用电源的容量暂定应保证在事故停电时,能使站台门控制系统在 30min 内对每侧滑动门开关操作至少 3 次。

任务 7-2　站台门系统的运行与维护

1. 掌握站台门系统的工作原理；
2. 理解站台门系统的控制方式。

1. 能对站台门系统设备进行具体操作；
2. 能对站台门系统进行日常维护与检修；
3. 能处理站台门系统的简单故障。

1. 具备良好的服务意识和沟通能力；
2. 具有较强的合作意识以及团队协作能力；
3. 具有良好的心理素质和应急处理能力。

知识点 7-2-1　站台门系统工作原理与控制方式

一、站台门系统工作原理

站台门系统根据运营模式及相应功能需求进行设计，在满足功能要求的前提下，提高了系统的先进性、可靠性、经济性。站台门控制系统主要由中央控制盘（PSC）、就地控制盘、综合控制盘、门控单元、就地控制盒、控制局域网、软件、监视报警装置、网间通信协议转换器、安全继电器回路设备、通信介质及通信接口模块等组成。

一个车站设置一套中央控制盘，每套中央控制盘控制两侧站台门。每个车站的每侧站台门由一套独立的逻辑控制子系统组成，每套子系统均由牵引控制单元、就地控制盘、控制回路及就地控制盒等组成，可确保任意一侧站台门的故障不影响另一侧站台门的正常运行，某一道门的故障不影响同侧其他门的正常运行。

站台门系统如图 7-2-1 所示。

二、站台门系统控制方式

根据操作方式和操作位置不同，站台门系统的控制可分为系统级控制、车站级控制、站台级控制和就地级控制。这 4 种控制方式可分别实现站台门的 3 种运行模式，即：正常运行模式（系统级控制）、非正常运行模式（车站级控制、站台级控制和就地级控制）、紧急运行模式（车站级控制）。

站台门系统车站级控制优先于站台级控制，站台级控制优先于系统级控制。就地级控制是发生紧急情况时的控制方式，该种操作控制的权限不受其他控制方式的优先级权限影响。

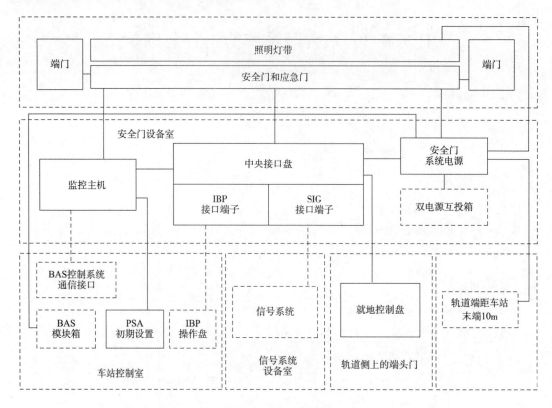

图 7-2-1 站台门系统图

1. 系统级控制(正常运行模式)

系统级控制应用于正常运行模式,此时,站台门系统、信号系统及二者间的接口等设备都处于正常状态。

(1)当列车进站且停在允许的误差范围内时,站台门系统接收 ATC(Automatic Train Control,列车自动控制)信号发来的"开门"指令,中央控制盘通过安全回路向每个门控单元发送"打开站台门"的命令,门机控制器接收到开门命令后,按顺序自动执行解锁、开门等操作。在滑动门打开过程中,滑动门顶箱上的状态指示装置会做出响应动作。系统级控制开门流程如图 7-2-2 所示。

(2)当列车需要离开站台时,站台门系统接收 ATC 信号发来的"关门"指令,中央控制盘通过安全回路向每个门控单元 DCU 发送关闭站台门的命令,门机控制器接收到关门命令后,按顺序执行关门、闭锁等操作。当所有滑动门都关闭且锁紧后,站台门系统向信号系统发出"站台门关闭且锁紧"信号,允许列车离站,顶箱上的状态指示装置做出响应的动作。系统级控制关门流程如图 7-2-3 所示。

(3)在开/关门过程中,站台门都需要进行防夹检测。如

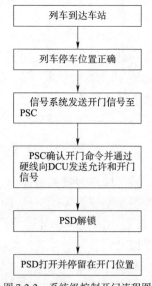

图 7-2-2 系统级控制开门流程图

果检测到滑动门被夹,则认为该滑动门在开/关时遇到了障碍物,于是 PSC 撤销开/关门命令,滑动门停止动作复位并延迟 3s(时间可调),再重新开/关滑动门。

(4)如果重开/关滑动门三次后障碍物仍然存在,滑动门打开并发出声光报警,需要进行人工操作,将该滑动门进行隔离,等待维修。

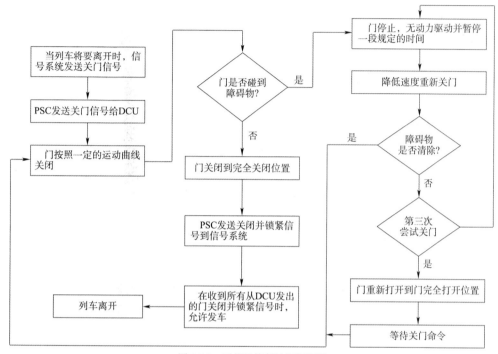

图 7-2-3 系统级控制关门流程图

2. 车站级控制(非正常运行模式和紧急运行模式)

在下列情况下可实行车站级控制操作:

(1)当列车在非运营期间进行系统测试时,可操作设置在车站控制室内的 IBP,实现对整侧站台门的开关控制。

(2)当出现紧急情况时,例如列车、区间隧道、站台、站厅等处发生火灾时(紧急运行模式),可操作设置在车站控制室内的 IBP,实现站台门紧急运行模式,得到授权的车站工作人员可用专用的钥匙开启车站控制室内 IBP 上的操作允许开关,并操作开门/关门按钮,对整侧站台门进行开关控制。

①列车在区间隧道发生火灾时,乘客沿着区间疏散平台向邻近车站疏散,此时列车司机通过行车调度员通知车站站务人员提前打开火灾侧站台门端门,并派工作人员在此引导乘客由车站疏散。

②列车在站台发生火灾时,由列车司机通过 PSL 或通知车站值班人员在车站控制室 IBP 上打开所有滑动门,并通过广播引导列车上乘客疏散、站台候车乘客出车站。

③区间隧道发生火灾时,驶向火灾发生点的列车司机通过车载广播系统通知乘客下车,沿远离火灾发生点车站疏散,该车站站务人员打开所在侧站台门端门,配合乘客疏散。

④当站台发生火灾时,车站工作人员可根据火灾情况,通过车站控制室内 IBP,打开相应

站台门边门。站台门边门打开时,被打开的边门顶箱上的状态指示装置发出声光报警,以防止站台人员掉入轨行区。

⑤当站厅发生火灾时,车站工作人员应广播通知并采用积极措施阻止乘客涌向站台候车,同时在火灾车站,乘客只上不下,将火灾车站的候车乘客疏散离开火灾事故点。

3. 站台级控制(非正常运行模式)

(1)当系统级控制方式不能打开或关闭滑动门时,如信号系统故障、站台门自控系统故障等情况,站台工作人员可通过 PSL 对滑动门进行开门、关门操作,实现站台门的站台级控制。

(2)当个别滑动门由于故障无法发出"关闭且锁紧"信号时,站台工作人员在人为保障安全的条件下,即在确认没有乘客或物体夹在滑动门中间后,通过专用钥匙操作位于 PSL 上的"互锁解除"开关,向信号系统发送"允许列车离开站台"指令,允许列车离站,此时声光报警装置停止声光报警。

4. 就地级控制(非正常运行模式)

就地级操作控制有以下 4 种方式。

(1)用就地控制盒开/关滑动门:当站台上的个别滑动门发生故障无法自动打开时,站台人员可在站台侧操作门体上方的就地控制盒开/关滑动门。

(2)当个别滑动门发生故障,站台工作人员可根据需要,在站台侧使用专用钥匙打开滑动门。

(3)站台人员可根据需要在站台侧用专用钥匙打开应急门和端头门,但打开应急门时必须确认行车安全。

(4)在轨道侧可用手动方式打开站台门,打开方式有以下 3 种:

①在轨道侧可用滑动门上的推杆打开滑动门。

②在轨道侧操作应急门的开门推杆打开应急门(当发生列车停位不准等非正常情况,乘客无法通过滑动门下车时,乘客可手动打开应急门向车站疏散)。

③在轨道侧操作端头门上的开门推杆打开端头门(当隧道内发生火灾需要将乘客从隧道疏散到站台,乘客可手动打开端门,向站台疏散)。

技能点 7-2-1 站台门系统的设备操作

一、站台门操作前准备

(1)操作人员必须向相关人员[OCC(Operated Control Center,运行控制中心)行车调度员或车站控制室值班员]发出操作请求,取得允许后方能操作。

(2)检查端门、应急门是否正常锁闭,站台门门体有无破损,有无渗水现象。

(3)注意观察站台人群拥挤情况,严禁没有警告及防护措施不当时开启站台门。

二、站台门系统设备具体操作内容

1. 站台门上电操作

允许操作人员:经过培训的机电工班员工及车站站务人员。

操作过程如下：

(1)操作人员将滑动门打开。

(2)站台门上电后,在接近最小速度和力矩极限的状态下,滑动门关闭且锁紧。

(3)每天运营开始前用PSL开关进行开/关门操作,观察站台门是否正常运行,确认PSL上指示灯点亮。

2.站台门自动操作

允许操作人员:经过培训的列车司机。

操作过程如下：

(1)正常运行模式下,列车到站并停在允许的误差范围内,信号系统(Signaling System,简称SIG)发出允许开门的命令。

(2)在各种安全因素经过列车司机的人工确认后,按压开门按钮,站台门自动打开。

(3)当列车停站时间到,SIG发出"允许关门"命令。

(4)各种安全因素经过列车司机人工确认后,按压关门按钮,站台门自动关闭。

3.站台门关门障碍时操作

允许操作人员:经过培训的机电工班员工及车站站务人员。

操作过程如下：

(1)门关闭时,如遇障碍物,门后退一段距离,障碍物清除后,门关闭且锁紧。

(2)如果障碍物依然存在,循环4次后,门完全打开,门头发出声光报警。

(3)经授权的人员操作隔离该门道,并向相关人员报告。

(4)排除故障后,用测试开关进行至少一次开关门操作。

(5)将该门道的模式钥匙开关切换到自动位置(中间位置),将门恢复到自动控制模式。

(6)将钥匙从开关上取出带走,操作完毕。

4.PSL操作

允许操作人员:经过培训的列车司机、机电工班员工及车站站务人员。

当因SIG故障失效或站台门系统控制柜(Platform Door System Control Cabinet,简称PSCC)对DCU控制故障时,由列车司机或被授权操作人员操作PSL控制站台门的开关。操作时信号系统被完全忽略。

1)PSL允许操作开关的操作

(1)开门操作,插入钥匙,转动到关门位停顿1s,再转动到开门位置,保持5s,整侧站台门打开完毕。

(2)转动钥匙到关门位置,保持5s,整侧站台门关闭完毕。

(3)PSL"ASD/EED门关闭"绿灯亮,整侧站台门关闭且锁紧。

(4)取出钥匙并带走,操作完毕。

2)ASD/EED互锁解除开关的操作

位于互锁解除位置时,强行给出ASD/EED互锁已解除的信号,让列车继续前行或进入车站,一般由站台人员操作。

(1)插入钥匙转动至互锁解除位置并保持。

（2）确认列车车尾驶出车站或停车到位，松开钥匙开关。

（3）取出钥匙并带走，操作完毕。

3）测试按钮操作

当该按钮被按下时所有的 LED 灯亮，观察用于测试的 PSL 上所有指示灯是否正常。

5. 模式开关操作

允许操作人员：经过培训的机电工班员工及车站站务人员。

1）自动位置操作

（1）故障排除后，必须手动操作测试开关一次，关闭站台门，才能把模式开关转到自动控制位置。

（2）将该门道的模式钥匙开关切换到自动位置（中间位置），将门恢复到自动控制状态。

（3）钥匙从开关上取出带走，操作完毕。

2）门道故障隔离操作

（1）当某个门道出现故障不能关闭时，插入模式开关钥匙切换到隔离位置（逆时针转动），隔离该挡门。

（2）排除故障后，用测试开关进行至少一次开关门操作。

（3）将该门道的模式钥匙开关切换到自动位置（中间位置，顺时针转动），将门恢复到自动控制模式。

（4）将钥匙从开关上取出带走，操作完毕。

3）测试位置操作

（1）模式开关钥匙插入，切换到测试位置（顺时针转动），此时可进行测试开关的操作。

（2）打开门头盖板，操纵测试开关。

（3）开关把手打到"开"位置时，此站台门打开。

（4）开关把手打到"关"位置时，此站台门关闭。

（5）排除故障后，用测试开关进行至少一次开关门操作。将该门道的模式钥匙开关切换到自动位置（中间位置，逆时针转动），将门恢复到自动控制模式。

（6）将钥匙从开关上取出带走，操作完毕。

技能点7-2-2　站台门系统的日常维护与检修

一、日常管理

（1）当站台门发生故障时，应使门处于关闭隔离状态，以确保乘客和工作人员的安全，如需打开站台门，需专人监控。

（2）严禁在列车进出站时使用端门和应急门。任何工作人员使用端门后，必须确认已关闭和锁紧，严禁使用物品阻挡端门自闭。

（3）严禁在滑动门门槛上堆放物品或人、物品依靠在门体上。

（4）清洁门体、地板和隧道时，不得使站台门框架底部的绝缘套淋到水。

（5）不得在站台边缘2.1m宽的绝缘地板上钻孔和安装设备设施，破坏其绝缘性能。

(6)在运营时间内对站台门进行维修时,应设置安全防护和故障提示标志,并通过广播提醒乘客站台门已发生故障。需要在轨道侧维修时,应在运营结束后进行,以免影响行车和人身安全。

二、日常巡检

日常巡检主要有运营前巡检和运营中巡检。

运营前巡检是车站站务人员在通车前实施,其主要内容如下:

(1)检查所有的站台门是否处于关闭状态,目的是要避免停运后因施工或使用过站台门未关闭好,在列车通过时产生危险影响人身和设备安全。

(2)在 PSL 上对每侧站台站台门进行开关门 3 次,目的是检查站台门是否能实现开关门和"关闭和锁紧"信号是否存在,以确保站台门系统在运营中运行可靠。

(3)检查 PSA 报警盘界面是否有报警信息和蜂鸣声,如有应上报维修部门。

运营中的巡检是针对维修人员的,目的通过巡检与正常状态进行比较,及时发现设备异常现象,防止故障扩大。站台门系统日常巡检项目表见表 7-2-1。

站台门系统日常巡检项目表　　　　　　表 7-2-1

部　件	巡检项目内容与结果
驱动 UPS	进线电压____V,输出电压____V,功率因数____
	运行状态:□并联在线式　□静态旁路　□电池供电
	蓄电池外观检查(温度、声音、外形、漏液、安全阀、气孔结霜、接线)是否正常:□是　□否
	电池组串联电压____V
控制 UPS	进线电压____V,输出电压____V
	运行状态指示:□节能方式　□在线方式　□电池供电
	指示灯测试是否正常:□是　□否
	环境温度是否超 40℃ 报警:□是　□否
	蓄电池外观检查(温度、声音、外形、漏液、安全阀、气孔结霜、接线)是否正常:□是　□否
	UPS/电池/主机是否过载:□是　□否
门机单元控制柜	双 CPU(Central Processing Unit,中央处理器)工作状态是否正常:□是　□否
	指示灯测试是否正常:□是　□否
	(至少一个开关门周期)运行状态指示是否正常:□是　□否
	目测电缆电线布置、插接状况是否整齐牢固:□是　□否
PSL	指示灯测试是否正常:□是　□否
	外部电源插接是否牢固:□是　□否
PSA	指示灯测试是否正常:□是　□否
	显示是否正常:□是　□否
	有否:□SIG　□EMCS　□UPS 报警
配电柜	电压表值____V,电流表值____A
	变压器外观检查(温度、声音、外形、接线)是否正常:□是　□否
	目测电缆电线布置和接线是否整齐牢固:□是　□否

续上表

部 件	巡检项目内容与结果
配电柜	目测接地是否牢固：□是　□否
端门	闭门器是否有足够大的力使门自动关闭：□是　□否
	手动解锁装置是否灵活：□是　□否

三、日常检修计划

计划检修作业是一种预防性维修,其目的是减少故障的发生,使设备能可靠运行。站台门系统日常检修计划表见表7-2-2。

站台门系统日常检修计划表　　　　　　　　　表7-2-2

序　号	检修内容	检修周期
1	清洁门头导轨	2周
2	清洁门头、PDP柜、PSCC柜、UPS等	1个月
3	检查门头内部零部件安装	3个月
4	检查门锁装置	3个月
5	检查皮带使用情况、调节皮带张紧力	3个月
6	检测门挂板碳刷装置	6个月
7	检查电机齿轮箱组件	6个月
8	检查应急门/端门锁紧装置、闭门器性能	1个月
9	检测门体对地绝缘	6个月
10	UPS电池放电保养	3年
11	检查门槛、门体安装	1年
12	检查支撑结构安装	2年

技能点7-2-3　站台门系统典型故障及处理

一、站台门故障处理注意事项

(1)车站在处置站台门故障时务必时刻牢记在确保站台安全的情况下"先通后复"原则,灵活处理,使列车能第一时间发出。

(2)原则上站台岗需确保每节车厢至少有一扇门打开,及时引导乘客从正常站台门上下车。

(3)当站台岗操作LCB无效时,可通过机械锁开门。

(4)当站台岗发生无法判断具体哪扇站台门故障导致列车无法动车时,在确认站台安全后立即使用互锁解除发车,后续加强观察及时上报现场情况。

(5)当车站发生站台门故障时,车站控制室必须保证CCTV(Closed Circuit Television,闭路电视)监控至少有一个摄像头监控故障门区域。

(6)当发生站台门失电故障时,参照"整侧站台门无法打开"故障进行处理。

(7)建议岛式站台在头端紧停附近立岗接车;侧式站台在头(尾)端紧停按钮附近立岗接车。

(8)当车站400M电台故障时,站台岗人员可通过列车司机向行车调度员请求操作"互锁解除",行车值班员可通过人工广播向站台人员传达操作"互锁解除"的指令。

二、站台门故障处理流程

1. 单扇滑动门无法关闭

单扇滑动门无法关闭的处理流程如图7-2-4所示。

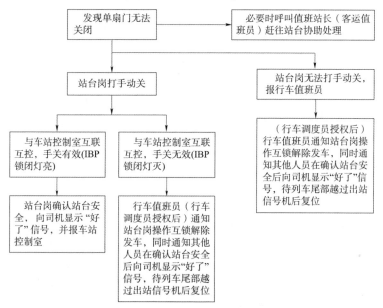

图7-2-4　单扇滑动门无法关闭处理流程

2. 多扇滑动门无法关闭

多扇滑动门无法关闭的处理流程如图7-2-5所示。

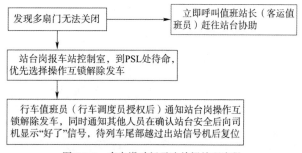

图7-2-5　多扇滑动门无法关闭处理流程

3. 整侧滑动门无法关闭

整侧滑动门无法关闭的处理流程如图7-2-6所示。

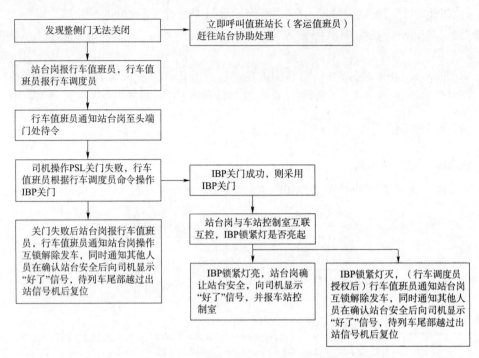

图 7-2-6　整侧滑动门无法关闭处理流程

4. 单扇滑动门无法打开

单扇滑动门无法打开的处理流程如图 7-2-7 所示。

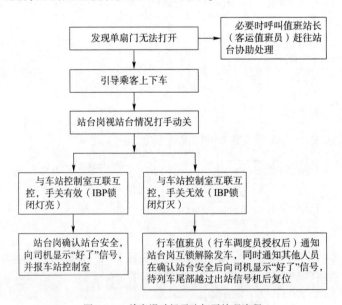

图 7-2-7　单扇滑动门无法打开处理流程

5. 整侧滑动门无法打开

整侧滑动门无法打开的处理流程如图 7-2-8 所示。

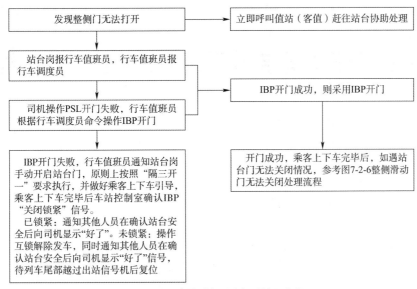

图 7-2-8　整侧滑动门无法打开处理流程

6. 站台门玻璃破碎或破裂

站台门玻璃破碎或破裂的处理流程如图 7-2-9 所示。

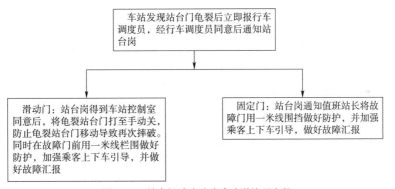

图 7-2-9　站台门玻璃破碎或破裂处理流程

项目 8 低压配电系统及照明系统的运行与维护

任务 8-1 低压配电系统的运行与维护

1. 掌握低压配电系统的构成、负荷分类及供电方式；
2. 掌握低压配电系统的日常巡视内容；
3. 理解低压配电系统的分布、控制方式；
4. 了解低压开关柜的组成。

1. 能对低压配电系统的常见负荷进行分类；
2. 会使用市电和应急电源切换操作；
3. 能识别常见的低压配电系统设备。

1. 具备一定的职业素养；
2. 具备自主学习和分析问题的能力；
3. 具有安全意识，严于律己。

知识点 8-1-1 低压配电系统基础知识

一、低压配电系统的构成及分布

1. 低压配电系统

城市轨道交通车站设备的供电有高压和低压之分，例如给电客车供电的接触网是高压，给车站照明、电扶梯、安检机、进出站闸机等设备供电是低压。低压配电系统是电力系统的重要组成部分。低压配电系统的范围主要是从降压变压器二次侧 0.4kV 低压进线柜进线开关上端到设备配电箱、灯具为止之间的配电设备、线路。它的功能就是将低压电力（380/220V）安全、可靠、合理地配置给车站的各个用电负荷。

2. 低压配电系统的构成

任何一个供配电系统都应包括电源（低压室低压配电柜）、输电线路、负荷三个部分。针对城市轨道交通车站的工作范围，此三部分即是低压配电室开关柜、低压电缆线路、设备配电箱。低压配电系统的构成如图 8-1-1 所示。

项目8　低压配电系统及照明系统的运行与维护

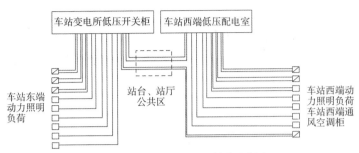

图 8-1-1　低压配电系统的构成示意图

1）低压配电箱

低压配电箱主要包括车站及区间所使用的双电源切换箱（图 8-1-2）、动力配电箱（图 8-1-3）、照明配电箱（图 8-1-4）、维修电源箱（图 8-1-5）和就地控制箱。配电箱内主要电气元件包括断路器、接触器、互感器、有功电度表、双电源切换装置。低压配电箱选用体积小、低损耗、低噪声、无自爆、低烟、无卤、阻燃或耐火的产品，应用在城市轨道交通车站公共区、设备区及隧道区间的各种环境中。

图 8-1-2　双电源切换箱

图 8-1-3　动力配电箱

图 8-1-4　照明配电箱

图 8-1-5　维修电源箱

2）低压开关柜

低压开关柜是一个或多个低压开关设备和与之相关的控制、测量、信号、保护、调节等设备，由制造厂家负责完成所有内部的电气和机械的连接，用结构部件完整地组装在一起的一种组合体，如图8-1-6所示。

低压开关柜主要起到接收并分配电能和电气保护的作用，主要由柜体、母线、功能单元三部分组成，如图8-1-7所示。

（1）柜体：开关柜的外壳骨架及内部的安装、支撑件。

（2）母线：指用高导电率的铜（铜排）、铝质材料制成的，用以传输电能，具有汇集和分配电力能力的产品。

（3）功能单元：完成同一功能的所有电气设备和机械部件（包括进线单元和出线单元）。

图8-1-6　低压开关柜

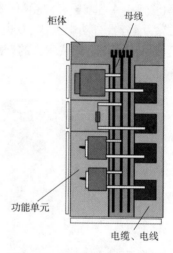

图8-1-7　低压开关柜侧视示意图

3）电缆、电线

电缆应用于由低压开关柜馈出至配电箱、双电源箱、控制柜回路、配电箱馈出至设备的连线。电线应用于照明设备的连接、配电箱的出线。电缆绝缘电压为1000V等级，电线为500V等级。

4）应急照明电源装置

应急照明电源装置在城市轨道交通车站发生事故、市电失效的情况下，为应急照明负荷提供电源，从而为乘客的顺利疏散和逃生提供照明，也在一定程度上保证了车站的消防安全。

3. 低压配电系统的分布

（1）变电所低压室、低压配电室各一座，分别布置在站台层两端，各负责半个车站及区间的负荷。

（2）两座环控电控室布置在站厅层两端，各负责半个车站的环控负荷。

（3）四座照明配电室分别在站台和站厅层两端。

（4）蓄电池室两座，位于站台层两端。

二、低压配电系统的负荷分类及供电方式

1. 低压配电系统的负荷分类

低压配电系统按用途分,为其他系统提供电力的为动力系统,提供车站照明的为照明系统。按供电重要程度不同,可分为一级负荷、二级负荷和三级负荷。当出现故障时,优先向一级负荷供电。

(1)一级负荷。一级负荷包括防排烟风机、废水泵、雨水泵、消防泵、防淹门、通信、信号、FAS、AFC、EMCS、屏蔽门以及应急照明(含疏散指示照明)等用电以及区间的风机和水泵用电。

(2)二级负荷。二级负荷包括自动扶梯、电梯、普通风机、污水泵、一般照明、管理和设备用房照明、PIS(Passenger Information Systems,乘客信息系统)、区间检修、设备房维修、变电所检修电源。

(3)三级负荷。三级负荷包括冷水机组、冷冻泵、冷却泵、冷却塔风机、茶水间热水器以及广告照明、装饰照明、清扫机械、培训及模拟设备。

2. 低压配电系统的供电方式

(1)一级负荷。一级负荷从降压所引两路电源,在末端切断。其中应急照明、变电所操作电源、FAS、通信、信号负荷等特别重要的负荷,除从变电所引入两路电源外,各系统还自备 UPS。

(2)二级负荷。二级负荷从降压所引一路电源。从低压室Ⅰ或Ⅱ段母线引一路电源,当所在母线故障时,母线开关投入,由另一母线供电。当电网只有一路电源时,允许将其从电网中切除(人工切除)。

(3)三级负荷。三级负荷从降压所的三级负荷母线段引一路电源供电,当降压所有一路电源停电时,需切除三级负荷(由三级负荷总开关引来一路单电源、一路总进线,电源故障时自动被切除,人工复位。在火灾情况下,FAS 直接切断三级负荷总电源)。

三、低压配电系统的控制方式

(1)就地控制。就地控制是指在设备附近,便于直接控制的控制方式。

(2)综合控制。综合控制是指在车站综合控制室由 EMCS 实现对风机、空调、水泵等设备的控制与监视,并将采集的信息送至中央控制室。

四、低压配电系统的日常巡视

对于低压配电设备的日常维护,维修人员在维修过程中,一般针对低压配电设备的环境运行进行清洁,主要采用听、看等方法,根据低压配电设备发出的声音以及气味等,检查设备状态。在日常维护设备的过程中,在特殊情况下某些仪器对低压配电设备的运行情况进行监测,判定低压配电设备的温度是否处于正常范围内。在实际运行工作中,将监测的温度控制在80℃以内,确保低压配电设备的运行温度在可控范围内。在对配电房的设备进行维护的过程中,必须密切关注低压电源柜的运行情况,保证其能够正常运行。低压配电系统的日常巡视主

要检查以下内容：

(1) 铭牌标识应完整清晰。

(2) 运行应正常、无异响。

(3) 接线无松动、过热、氧化或锈蚀。

(4) 接地应可靠。

(5) 各计量仪表指示应准确。

(6) 指示灯应完好，并指示正确。

(7) 柜(箱)、元件、各路主线走向标识完整、清晰。

技能点 8-1-1　低压配电系统"市电"与"应急"状态切换

低压配电系统常见操作是进行"市电"与"应急"两种状态的切换，操作方法如下。

1. 方法一

将"主用交流电源""备用交流电源断开"，设备会自动进入应急状态。并产生相应报警。任意恢复一路供电设备会自动切换为"市电"状态。方法一操作实物图如图 8-1-8 所示。

2. 方法二

图 8-1-8　方法一操作实物图

将"手动/自动"旋钮切换至"手动"挡位，设备会进入应急状态，并产生相应报警；将旋钮切换为"自动"挡位，设备自动恢复为"市电"状态。方法二操作实物图如图 8-1-9 所示。

3. 方法三

将"强启/停止"按钮切换至"强启"挡位。设备会进入强制应急状态，并产生相应报警。将旋钮切换为"停止"挡位，设备自动恢复为"市电"状态。注意此状态下蓄电池会持续放电至电量耗尽，正常状态切勿将设备切换至此挡位。方法三操作实物图如图 8-1-10 所示。

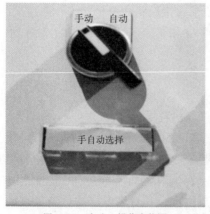 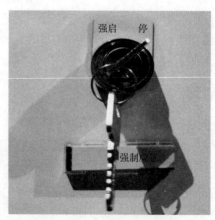

图 8-1-9　方法二操作实物图　　　　图 8-1-10　方法三操作实物图

任务 8-2 照明系统的运行与维护

知识目标

1. 掌握照明系统的分类；
2. 理解常见照明系统的配电方式，照明系统的控制方式；
3. 了解照明系统的日常巡视与维护内容。

技能目标

1. 能对常见照明系统负荷进行分类；
2. 能处理照明系统的日常检修。

能力目标

1. 具备一定的职业素养；
2. 具备团队协作精神及与人沟通的能力；
3. 具有科技兴国的意识。

知识点 8-2-1 照明系统的基础知识

一、照明系统的组成和分类

城市轨道交通照明系统由照明配电柜、照明配电箱、照明配电线路、照明开关、插座、照明灯具、光源等组成。

城市轨道交通照明按安装地点不同，可分为车站公共区照明、附属房间照明以及区间隧道照明；按光源种类不同可分为热辐射类、气体放电类和固体照明类；按使用性质不同，可分为普通照明（工作照明、节电照明）、应急照明（备用照明、疏散照明、安全照明）、商业广告照明等。

二、常见的照明系统及配电方式

1. 一般照明

站台、站厅等一般照明属于二级负荷。一般照明的电源，分别从降压所的低压柜两端母线上各馈出一路电源，与照明配电室的两个配电箱连接，采用交流双电源交叉方式供电。

2. 事故照明

事故照明属于一级负荷，原则上为长明灯。采用交流双电源互为备用供电，一路失电另一路自投。当两路电源均失电后，事故照明由车站两端设备的事故照明电源装置（蓄电池）供电。一般在每个车站两端各设一个蓄电池室（事故照明电源装置）。

3. 广告照明

广告照明属于三级负荷，如图 8-2-1 所示。广告照明分布于站台、站厅公共区，采用日光灯灯箱的形式。广告照明一般由照明配电室配电箱统一分配供给，而在某些城市轨道交通车站，三级负荷的广告照明与正常的其他照明的供电电源是分开的。

4. 区间隧道照明

区间隧道照明安装在两侧壁，如图 8-2-2 所示。一般区间隧道照明由设在站台两端隧道入口处区间隧道一般照明箱配出。

图 8-2-1　广告照明实物图

图 8-2-2　区间隧道照明实物图

三、照明系统的运行方式

1. 车站公共区照明

车站公共区照明主要由工作照明、节电照明、应急照明组成。其中，工作照明、节电照明是为运营工作服务的照明，各约占整个照明的 45%。城市轨道交通地下车站在运营高峰结束后可以停掉节电照明或工作照明。运营结束后，工作照明、节电照明均关闭，只保留应急照明，应急照明占整个照明的 10% 左右。城市轨道交通地上车站在白天关闭一切照明，通过自然光采光，在天黑后点亮车站照明。

2. 城市轨道交通区间照明

城市轨道交通区间照明由应急照明和普通照明组成，应急照明灯具和工作照明灯具交错布置。城市轨道交通线路正常运营时，区间只开应急照明，供运营时车辆行驶使用。运营结束后，应急照明与工作照明均开启，供城市轨道交通系统工作人员检查区间隧道设施设备时使用。

图 8-2-3　照明就地控制盒示意图

四、照明系统的控制方式

1. 就地级控制

各设备及管理用房进门处设有就地开关箱或盒（图 8-2-3），可控制相应设备及管理用房的一般照明。区间隧道一般照明受设于隧道两端入口处的区间隧道一般照明配电箱控制。

2. 照明配电室集中控制

照明配电室内设有相应照明场所的照明配电箱，如图 8-2-4、图 8-2-5 所示。照明配电箱可在室内集中控制相应场所的一般照明、节电照明、事故照明及广告照明。正常情况下,配电箱所有开关均应全部合上,以便通过就地级控制和车站控制室集中控制相应场所照明。

3. 车站控制室集中控制

车站控制室集中控制实现对站台、站厅公共区的一般照明、节电照明、广告照明的手动/自动控制转换和人工控制及区间隧道一般照明手动控制。在 EMCS 上可监控站台、站厅公共区一般照明、节电照明、广告照明的工作状态(手动/停/自动)。

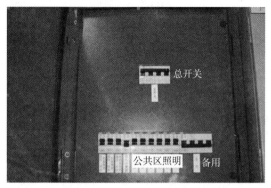

图 8-2-4　照明配电箱外部示意图

图 8-2-5　照明配电箱内部示意图

五、照明系统的日常巡视与维护

1. 日常巡视项目

照明系统日常巡视内容主要包括照明配电箱、照明灯具以及配电线路等的巡视,具体内容如下:

(1)巡视设备外观,观察是否有污染、机械损伤情况。
(2)以听、看、嗅的方式巡视设备运行状态,查抄电压表电流表,查看有无故障报警指示。
(3)巡视并测量设备运行温度。
(4)巡视设备房温度。
(5)巡查线路外观,观察是否有污染、机械损伤、外皮温度、过载老化情况,查看接头温度是否正常。
(6)巡视灯具、外壳防护及光源情况。
(7)建立设备巡视记录,记录、对比分析各次检查数据。

2. 计划检修

定期做好设备的清洁、刷防护漆以及配电房的清洁工作:
(1)定期更换易损元器件。
(2)检查接线有否松动、接头温度、连接件是否紧固。
(3)检查开关元器件机械动作。
(4)检查各电气接口,进行电气交接试验,并进行接口联动测试。
(5)检查设备线路绝缘情况,严查是否存在漏电现象。
(6)进行备用设备检测,如发现设备损坏,立即更换。

（7）定期对蓄电池充放电维护，检测蓄电池溶液位置，如发现溶液容量不达标立即更换。

（8）测量设备三相电流、电压、相序（维修后需检测）。

技能点 8-2-1　照明系统的日常检修

一、照明系统的检修内容

照明系统的检修主要包括以下几个方面：

（1）照明灯具外观良好、清洁无灰尘。

（2）照明灯具安装应牢固，绝缘性能良好。

（3）照明灯具不得任意加灯、改线。

（4）插座的接线、安装应牢固，外观无烧痕。

（5）开关、面板的接线、安装应牢固，外观端正、美观。

（6）在用的插座负载不得超过插座的额定容量。

（7）开关、插座和照明灯具靠近可燃物时，应采取隔离、散热等防火保护措施。

（8）卤钨灯和额定功率不小于100W的白炽灯泡的吸顶灯、槽灯、嵌入式灯，其引入线应采用瓷管、矿棉等不燃材料做隔热保护。

（9）额定功率超过60W的白炽灯、卤钨灯、高压钠灯、金属卤灯光源、荧光高压汞灯等，不得直接安装在可燃装修材料或可燃构件上。

（10）可燃材料仓库内应使用低温照明灯具，并应对灯具的发热部分采取隔热等防火措施；严禁设置、使用卤钨灯等高温照明灯具，且配电箱、开关应设置在库外。

二、照明系统检修的重点注意事项

照明系统检修主要包括电源柜的检修、配电箱的检修、照明灯具的检修和照明光源的更换等，可分为停电作业和带电作业两类。

1. 停电作业

照明系统中的停电作业主要应用在其设备或主要电气元器件的更换、更新方面。停电作业的基本步骤和操作方法如下：

（1）将所要作业的时间、内容、涉及的停电范围以书面形式上报到队（经理部）主管部门。

（2）接到许可令（任务书）后，组织施工人员备齐所需材料、备品，由相关技术人员（师傅）进行查活交底工作。

（3）按规定时间联系停电工作（认真填写联系票），并提早通知受影响的用户。

（4）在施工前进行验电工作，对作业面外可能触及的带电体、导电体要进行必要的屏护工作。

（5）在施工前、确认（验电）停电后进行必要的挂牌工作。

（6）在施工前、确认（验电）停电后进行必要的接地工作。

（7）在施工时，由持有合格电工操作证的工作人员（不少于2人）进行操作，并设专人监护。

(8)施工完毕后,应清理现场、清点工具备品。

(9)在整个施工过程中,严格遵守国家保障电气操作安全的相关技术措施和组织措施。

2. 带电作业

城市轨道交通机电维修中带电作业主要有照明灯的更换、小截面导线紧头的紧固等。操作时重点注意以下内容:

(1)验电应以合格的验电器验电为准,并由监护人确认。

(2)停电作业中,在供电电源不可控的设备上作业,应做必要的接地工作。

(3)施工完毕,接地拆除工作确认完成后,方可进行送电工作。

(4)施工完毕,清理现场时,应注意电气元件内部是否有异物掉入,如有应及时排除。

(5)电源箱、控制箱、二次回路调试合格后,再进行一次回路的调试工作。

项目 9　综合监控系统的运行与维护

任务 9-1　综合监控系统概述

1. 掌握 ISCS 的构成；
2. 理解 ISCS 的功能。

能利用 ISCS 操作界面对各监控子系统等进行系统级控制。

1. 具备一定的职业素养；
2. 具备团队协作精神及与人沟通的能力；
3. 具有安全意识，有责任心，能吃苦耐劳。

知识点 9-1-1　综合监控系统基础知识

一、综合监控系统的概念

综合监控系统(Integrated Supervision Control System,简称 ISCS)通过对相关系统的集成，采用统一的系统结构、通信协议和软硬件平台，实现统一的人机界面，建立一个高度共享的信息平台，为运营管理和维护提供强大的自动化管理手段，提高城市轨道交通运营的整体服务水平，最终达到减员增效的目的。

二、综合监控系统的构成

综合监控系统一般采用分层分布式体系结构，采用控制中心级、车站级两级管理，控制中心级、车站级、现场控制级三级控制方式，由控制中心级综合监控系统、车站级（含车辆段、停车场）综合监控系统、现场级控制及连接这几部分的综合监控网络构成。

系统主要由中央级综合监控系统(Center Intergrated Supervision and Control System,简称 CISCS)、网络管理系统(Netware Management System,简称 NMS)、软件测试平台(Software Test Procedures,简称 STP)及培训管理系统(Training Management System,简称 TMS)、维修支持系统(Maintenance Support System,简称 MSS)和车站、停车场、车辆段的车站级综合监控系统(Station Intergrated Supervision and Control System,简称 SISCS)等几部分组成。通过综合监控系统全线骨干网将车站、车辆基地与控制中心的中央级综合监控系统连接到一起，形成一个有机的整体。综合监控系统构成示意图如图 9-1-1 所示。

项目9 综合监控系统的运行与维护

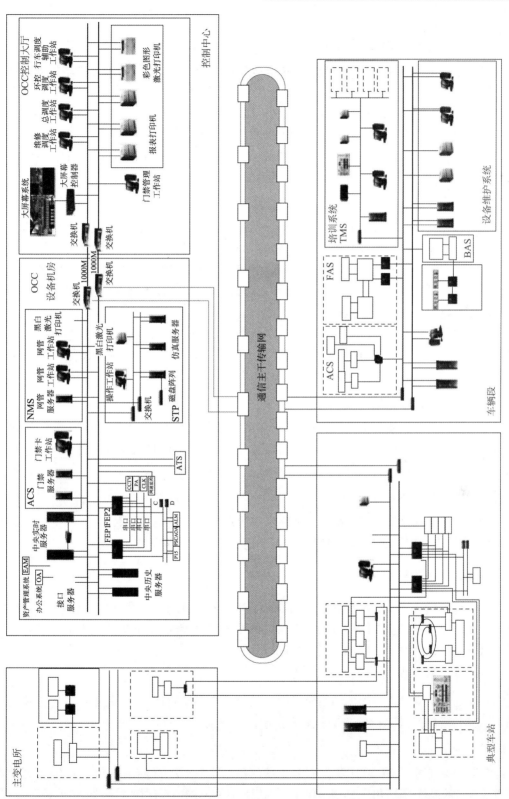

图9-1-1 综合监控系统构成示意图

1. 中央级综合监控系统

中央级综合监控系统设置于控制中心。

中央级综合监控系统在控制中心设置中央级局域网络,通过全线的主干网络将各车站综合监控信息汇集到控制中心,并在控制中心与电力监控系统、广播系统、闭路电视监视系统、自动售检票系统、信号系统、时钟系统等系统进行互联,从而实现多个相关系统的有机结合运行。

中央级综合监控系统的主要设备包括中央冗余历史服务器、中央冗余实时服务器、中央冗余网络交换机、中央磁盘存储阵列、前端处理器、调度员工作站、事件打印机、报表打印机、彩色激光打印机、中央信息显示屏、后备电源等。中央级综合监控系统构成图如图9-1-2所示。

2. 车站级综合监控系统

车站级综合监控系统与车辆段监控系统分别位于车站和车辆段,独立的主变所接入就近的车站级综合监控系统。通过分布在车站范围内的站级局域网络,将各车站的环境与设备监控系统、火灾报警系统、门禁、防入侵系统集成在一起,将现场级的信息汇集到车站级综合监控系统,从而实现车站级的综合监控。系统采用冗余结构,主要设备和网络采用冗余备份。车站级综合监控系统构成图如图9-1-3所示。

车站级综合监控系统的主要设备有车站实时服务器、车站历史服务器、车站网络交换机、车站工作站、打印机等。车站界面集成与互联的系统通过前置处理机进行协议转化后,接入车站级以太网。

3. 现场级控制设备

现场级控制设备主要是指电力监控系统、环境与设备监控系统、火灾自动报警系统、屏蔽门、信号系统、自动售检票系统、广播系统、视频监控系统、乘客信息系统和时钟系统等系统的现场设备,以上设备可与综合监控系统的车站级进行数据通信。

4. 综合监控骨干网

综合监控骨干网是连接车站级监控系统和中央级监控系统的主干传输通道,它将中央级监控系统、车站级监控系统和车辆基地监控系统连接为一个有机整体。

三、综合监控系统的功能

综合监控系统一方面必须实现被集成系统应有的中央级及车站级功能并保障其性能,另一方面通过集中统一的软硬件平台及操作和维护界面,为运营管理和维护提供方便,实现资源共享、信息互通功能。其主要功能体现在以下几个方面。

1. 图形化用户界面

综合监控系统通过统一的图形用户界面,用层次化、形象化的画面,将系统和各子系统接线图、总貌图、流程图、状态图、趋势图等显示出来。

2. 用户权限及操作管理

综合监控系统用户权限设有多个等级,系统的各监控工作站能够根据操作用户的登录情况自动激活相应的操作权限功能,实现不同等级的用户具有不同的操作模式、控制权力、控制范围。

项目9　综合监控系统的运行与维护

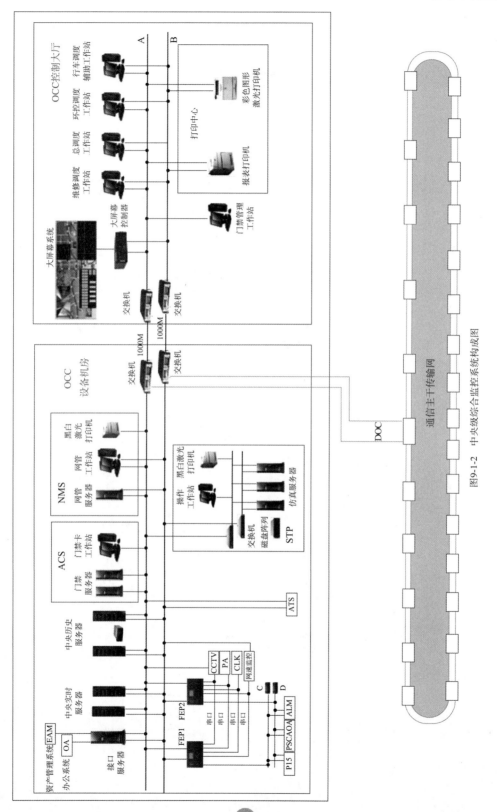

图9-1-2　中央级综合监控系统构成图

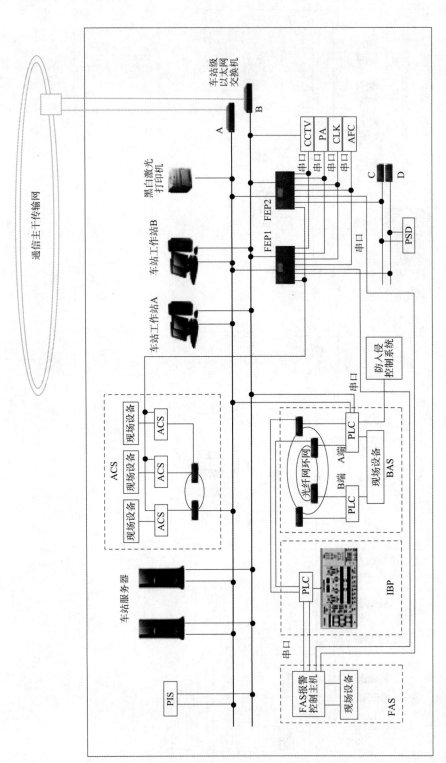

图19-1-3 车站级综合监控系统构成图

3. 数据库管理功能

综合监控系统包括实时数据库管理和历史数据库管理，用于对在线运行数据以及历史数据的管理，同时支持各种数据的备份和恢复。

4. 监控功能

综合监控系统具备对各车站的乘客、列车、供电、环控、灾害、设备等工作状态进行监视，同时应具有对相关机电设备的点对点控制功能，支持相关的模式控制和群组控制功能及联动控制功能。

5. 报警功能

综合监控系统应具备完善的报警功能，可将报警信息分级、筛选及重组，建立一个报警体系。当出现灾害或重大事件时，对调度员、车站工作人员及乘客进行报警，并能根据事件严重性以不同形式分类报警。

6. 维护功能

综合监控系统的各级操作员工作站可以实现对全线机电设备状态的监视，支持重要部件的自诊断功能，为设备维修提供方便。

任务 9-2　环境与设备监控系统的运行与维护

1. 掌握 BAS 的概念和功能；
2. 理解 BAS 的构成。

1. 能利用 BAS 操作界面对通风与空调系统等进行系统级控制；
2. 会进行 BAS 的简单维护。

1. 遵纪守法，具备一定的职业素养；
2. 具备团队协作精神及与人沟通的能力；
3. 具有大局意识，有责任心，能吃苦耐劳。

知识点 9-2-1　环境与设备监控系统基础知识

一、环境与设备监控系统的概念

环境与设备监控系统（Building Automation System，简称 BAS），负责对城市轨道交通线路沿线及车站通风与空调系统、给排水系统、低压配电与动力照明系统及电扶梯系统等机电设备进行全面、有效的自动化监控及管理,自动、实时、定时、现场就地监视设备运行状态,控制开启和关停,检测环境参数,调控环境舒适度及节能管理、采集、处理有关信息,进行历史资料档案和设备维修管理,确保设备处于安全、可靠、高效、节能的最佳运行状态,从而为乘客提供一个舒适的乘车环境,并能在列车阻塞事故状态下,更好地协调车站设备的运行,充分发挥各种设备应有的作用,保证乘客的安全和设备的正常运行。

二、环境与设备监控系统的功能及构成

BAS 实行"两级管理、三级控制"的模式。其中,两级管理为控制中心和车站两级管理,控制中心管理级的监控设备设置于控制中心的中央控制室,车站管理级的监控设备设置于车站控制室内。而三级控制包含中央级、车站级和就地级三级控制方式,负责全线所有车站设备的日常管理。典型车站环境与设备监控系统构成图如图 9-2-1 所示。

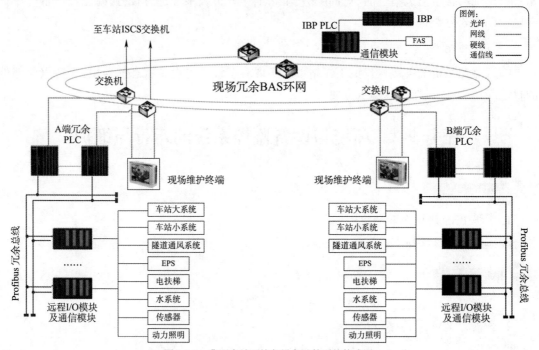

图 9-2-1 典型车站环境与设备监控系统构成图

1. 中央级 BAS

中央级 BAS 由中央级综合监控系统实现,所有硬件设备均由中央级综合监控系统实施,主要由中央级局域网络组成,网络内包括主备监控工作站、主备服务器、档案管理计算机、打印机服务器、通信转换接口、打印机、大屏幕显示系统等设备。其主要有如下功能:

(1)进行全线 BAS 信息的处理和传送,能自动或手动地选择预定的解决方案,向车站级 BAS 发出有关设备运行指令。

(2)监控全线各地下车站的通风、空调、给排水、照明、自动扶梯等设备的运行状态,及时显示各设备的故障并告警。

(3)记录全线各地下车站主要设备的运行状态,统计设备累计运行时间,实现设备运行时间的均衡。

(4)对各种信息进行实时记录、历史记录;进行查询和分析,自行编辑报表,生成日、周、月报表;进行档案资料的记录和存储。

(5)通过维护工作站负责全线 BAS 软件的维护、组态、运行参数的定义、系统数据库的维护及用户操作画面的修改、增加、故障的检查和资料查询等。

(6)发生火灾时,能按 FAS 的指令控制有关车站设备转入相应的火灾模式下运行。

(7)能对车站 BAS 的各种报警进行分类和报警级别的划分,并有按报警信息的危险程度排队的功能。

(8)制订合理的系统运行计划,确定全线系统的运行模式,必要时能对车站级的设备运行进行工况调整及参数修改。

2. 车站级 BAS

车站级 BAS 由车站级综合监控系统硬件构成,其功能由综合监控实现,主要由车站级交换机、实时服务器、操作工作站、打印机、冗余 PLC(Programmable Logic Controller,可编程逻辑控制器)、BAS 局域网交换机等设备组成。其主要有如下功能:

(1)监视和控制本站及所辖区间隧道的通风空调系统、照明系统设备、自动扶梯、给排水等设备的运行状态,并进行故障报警。

(2)监测本车站公共区和重要设备房测试点的温度、湿度等环境参数,同时根据环控要求实现对通风与空调设备的控制,达到节能和舒适的要求。

(3)将被控设备的运行状态、报警信号及测试点数据及时上传至中央级综合监控系统,并接受中央级综合监控系统下达的模式控制指令。

(4)地下车站发生火灾时,由 FAS 确认报警后,通过车站级综合监控系统联动 BAS,控制车站通风空调等设备转入灾害模式下运行。

(5)记录主要设备的运行状态。

(6)在综合监控系统工作站上,所有报警信息都应能触发相应的声光报警,重要报警界面自动弹出,并要求确认。

3. 就地级 BAS

就地级 BAS 相对于中央级和车站级 BAS 而言,是在全线车站、地下区间、变电所等地配置了各类 BAS 设备,主要包括 PLC 配套装置、电源模块、温度传感器、二氧化碳浓度传感器、通信模块等设备,可实现对所监控设备的直接控制,并传送设备的运行状态及故障信息给车站工作站,执行车站级发出的指令。

技能点 9-2-1　环境与设备监控系统运行与维护

一、环境与设备监控系统的操作

BAS 属于应用级操作系统,配置交互性操作界面,根据相应提示菜单即可完成操作。

1. BAS 操作人员

BAS 必须由专业人员进行操作,其中中央级 BAS 操作人员为控制中心的环控调度员,车站级 BAS 操作人员为车站控制室的行车值班员或车站的机电维保人员,各级人员操作时均须严格按相关规程执行。

2. BAS 操作原则

(1)操作人员必须使用专用钥匙对设备进行操作,操作完毕后应将钥匙交由行车值班员保管,不得留在开关上,除指定操作、维修人员之外,不得借出。

(2)操作人员接班时应了解上一班设备运行情况,每日必须填写设备运行情况记录。

(3)行车值班员或操作人员发现不安全因素时,应立即关停设备,并通知维修人员尽快维修。

二、环境与设备监控系统的维护

BAS 的维护管理可按照定期维护、故障维护和在线维护等模式进行。

1. 定期维护

BAS 设备的定期维护由维修工作人员根据检修日程安排分为日常巡检(日巡检和周巡检)、月检、季检、半年检、年检等,按照设备运行时间定期对设备进行设备运行情况检查、计算机设备磁盘清理等维护。

2. 故障维护

BAS 设备的故障维护由维修工作人员根据维修调度人员或值班人员报告的设备故障信息进行设备更换或现场维修等。

3. 在线维护

BAS 设备的在线维护与综合监控系统的其他设备一样,主要是指软件的维护。由技术人员根据城市轨道交通列车运营的需要和监控对象的变化,进行一些功能调整或系统更新、升级等。

参 考 文 献

[1] 北京市规划委员会. 地铁设计规范:GB 50157—2013[S]. 北京:中国建筑工业出版社,2013.

[2] 仇海兵. 城市轨道交通车站设备[M]. 北京:人民交通出版社,2012.

[3] 曲秋莳. 城市轨道交通车站设备[M]. 北京:人民交通出版社股份有限公司,2016.

[4] 周静. 城市轨道交通车站设备应用[M]. 北京:高等教育出版社,2019.

[5] 王晓飞,黄建中. 城市轨道交通车站设备[M]. 合肥:中国科学技术大学出版社,2014.

[6] 陈舒萍. 城市轨道交通车站空调与通风系统[M]. 成都:西南交通大学出版社,2019.

[7] 何宗华,汪松滋,何其光. 城市轨道交通车站机电设备运行与维修[M]. 北京:中国建筑工业出版社,2005.

[8] 周顺华. 城市轨道交通设备系统[M]. 北京:人民交通出版社,2009.

[9] 张莹,吴冰. 城市轨道交通车站设备[M]. 北京:电子工业出版社,2009.

[10] 永秀. 城市轨道交通车站运作管理[M]. 北京:机械工业出版社,2012.

[11] 阎国强,仇海兵. 城市轨道交通概论[M]. 北京:人民交通出版社股份有限公司,2019.